전쟁을 짊어진 사람들

BOOK
JOURNALISM

전쟁을 짊어진 사람들

발행일 ; 제1판 제1쇄 2022년 11월 23일
지은이 ; 안드레이 클류치코 · 테탸나 부리야노바 · 아나스타샤 추코프스카야 · 올레나 발베크
드미트리 주브코프 · 아르촘 스코로호즈코 · 정소은
옮긴이 ; 정소은 발행인 · 편집인 ; 이연대
디렉터 ; 신아람 에디터 ; 이현구 · 정원진
디자인 ; 권순문 지원 ; 유지혜 고문 ; 손현우
펴낸곳 ; ㈜스리체어스 _ 서울시 중구 한강대로 416 13층
전화 ; 02 396 6266 팩스 ; 070 8627 6266
이메일 ; hello@bookjournalism.com
홈페이지 ; www.bookjournalism.com
출판등록 ; 2014년 6월 25일 제300 2014 81호
ISBN ; 979 11 92572 24 6 03300

이 책 내용의 전부 또는 일부를 재사용하려면
반드시 저작권자와 스리체어스 양측의 동의를 받아야 합니다.
책값은 뒤표지에 표시되어 있습니다.

북저널리즘은 환경 피해를 줄이기 위해
폐지를 배합해 만든 재생 용지 그린라이트를 사용합니다.

BOOK
JOURNALISM

전쟁을 짊어진 사람들

안드레이 클류치코 · 테탸나 부리아노바 · 아나스타샤 추코프스카야
올레나 발베크 · 드미트리 주브코프 · 아르촘 스코로호즈코 · 정소은

; 대체로 민간인들이 도시에서 사망하거나 부상을 입게 되는 이유는 폭탄의 파편 조각을 맞기 때문이다. 그래서 자원봉사자들은 보통 헬멧을 쓰거나 방탄조끼를 입고 이동한다. 나 역시 자원봉사를 하기로 결심했을 때 우선적으로 한 일이 헬멧과 방탄조끼를 구하는 것이었다.

차례

프롤로그   이양구 전 우크라이나 대사의 편지

먼저 귀한 사역에 참여해 주신 것을 참으로 높게 평가합니다. 이렇게 헌신과 희생이 뒷받침된 자원봉사 덕분에 우크라이나는 강력한 러시아에 맞서 선전할 수 있었고, 국제 사회는 큰 감동을 받았습니다. 이 전쟁에서 우크라이나가 승리할 수 있다는 믿음, 우크라이나의 밝은 미래에 대한 확신이 서방을 포함한 전 세계에 솟아나고 있습니다. 이렇게 확산하는 믿음은 서방의 더 큰 지원을 받을 수 있는 중요한 요인이 됐습니다.

한국에서도 정부 차원의 인도적 지원과 함께 민간 차원에서도 3월 26일 '우크라이나 인도적 지원을 위한 공동대책위원회'를 발족해서 인도적 지원을 계속하고 있습니다. 또한 7월 초부터는 민간 차원에서 전후 복구를 위한 마스터플랜을 우크라이나 파트너와 함께 수립하고 있습니다.

우크라이나 전쟁은 참으로 중요합니다. 자유 민주주의를 수호하는 문제임과 동시에, 평화와 인권, 독립, 주권, 영토 보전이라는 유엔UN의 질서와 가치가 걸린 중차대한 사안입니다. 만약 블라디미르 푸틴 러시아 대통령의 시나리오가 성공하면 권위주의 체제가, 신제국주의가, 우크라이나뿐만 아니라 유럽으로 확산하게 됩니다. 그 여파로 국제 사회는 각자도생, 약육강식의 혼란과 무질서 속에 각종 분쟁이 확산하는 최악의 상황을 맞게 될 것입니다. 그러나 우크라이나의 눈물겨운 항전과 국제 사회의 지원으로 이미 우크라이나는 전쟁에서 승리했습니다.

다만 아직 안심할 수는 없습니다. 드니프로Dnipro강 수력댐을 폭파한다는 소식이 들리고, 강 건너 자포리자Zaporizhzhia 원전의 안전 문제가 제기되고, 핵무기 사용 가능성 등이 언급되고 있습니다. 이러한 변수로 인해 방심은 금물입니다. 지금으로서는 전쟁은 서방과 정부, 군대에 맡겨 러시아의 협박과 무차별 공격에 용기 있게 맞서고, 다른 한편에서는 인도적 지원을 강화해야 할 때입니다. 동시에 전후 복구에 집중할 때라고 봅니다. 다행히 전후 복구를 위해 서방에서도 '뉴 마셜 플랜New Marshall Plan'을 구상하고 있습니다.

그렇게 태어날 새로운 우크라이나는 다를 것입니다. 우크라이나는 이미 훌륭한 인적 자원과 과학 기술, 농업, 물류, 지리적 여건을 가지고 있습니다. 이번 전쟁에서 드러난 우크라이나 국민과 리더십 속 애국심은 뜨겁습니다. 미국을 위시한 서방과 국제 사회의 강력한 지원 의지도 있습니다. 이를 미루어 볼 때, 전쟁을 극복한 우크라이나는 동유럽에서 가장 성공한 자유 민주주의 강대국으로 부상할 것으로 확신합니다. 독일 '라인강의 기적'과 대한민국 '한강의 기적'에 이어 우크라이나 '드니프로 강'의 기적을 이룰 것으로 확신합니다.

한국도 우크라이나같이 1950년 6·25 전쟁을 포함한 혹독한 과정을 겪으며 세계 10위권의 경제 대국으로 성장해 왔습니다. 물론 지금도 한국은 국내적으로 지정학적으로 큰 도전에 직면해 있습니다. 그러나 언제나 위기를 기회로 역전시켜 왔습니다. 이런 경험이 있는 만큼 우크라이나 지원과 전후 복구에 적극 참여하여 새로운 우크라이나를 건설하는 데 앞장설 것입니다.

끝으로 나눔과 섬김, 희생은 가장 고상하고 확실한, 가치 있는 투자입니다. 우크라이나의 미래도 이런 가치와 정신을 보유한 자원봉사자에 달려 있으며 어떤 방식이든 유·무형의 보상이 따를 것입니다.

애플의 창업자 스티브 잡스는 이런 말을 했습니다. "The journey is the reward." 나눔·섬김·희생을 통한 여정의 길에서 많은 것을 배우고 만나게 되고, 이것은 곧 성장과 성숙이라는 보상을 가져올 것입니다.

이 전쟁이 언제 어떻게 끝날지 알 수 없으나 반드시 승리할 수 있다는 확신이 필요합니다. 우크라이나의 미래가 여러분에게 달려 있고 또 우크라이나의 미래엔 자유 민주주의의 수호와 유라시아 대륙으로의 확산, 그리고 유엔 질서의 수호가 달려 있습니다. 이런 사명감을 가지고 계속 매진해 주기를 기대합니다.

하나님은 우크라이나를 사랑하십니다. 하나님은 우크라이나를 위해서 놀라운 계획이 반드시 있습니다. 우크라이나의 영광과 자유 민주주의의 승리를 빕니다. 자원봉사자 모두에게 감사합니다.

이양구 전 우크라이나 대사

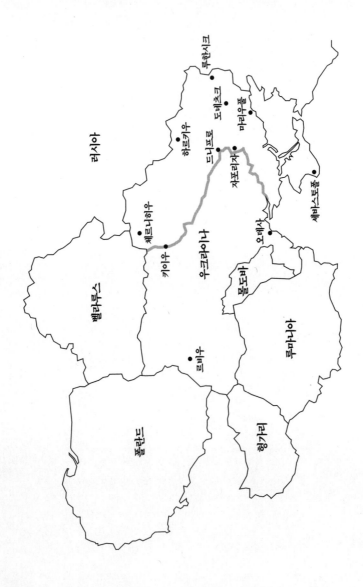

러시아

루한시크

도네츠크

마리우폴

하르키우

드니프로

자포리자

체르니히우

키이우

우크라이나

오데사

세바스토폴

벨라루스

몰도바

루마니아

리비우

폴란드

헝가리

Я б хотіла собі на день наро-
дження велосипед спортив-
ний, ще я хочу шиншилу-
це такий призунчик
сіренького кольору все ♡

сподіваюся що воно
збудеться! ☺

Я Маша мені 10 років

체르니히우 루카시브카에 사는 어린이 마샤의 위시리스트 ©Behind
Blue Eyes

자원봉사 단체 정보

이 책은 우크라이나 안팎의 민간 자원봉사 단체를 인터뷰한 책입니다.
인터뷰이들은 국제 기구의 구호가 닿지 않는 곳에서 지역에 필요한 자
원봉사 활동을 이어 가고 있습니다. 전쟁이 소강과 격화를 반복하며 자
원봉사 단체에 대한 지원은 전반적으로 줄어 갑니다. 이 책의 인세는
인터뷰이들에게 공동 배분되며 이와 별개로 이들 단체의 온라인 링크
를 첨부합니다. 이 책의 각 장에 등장하는 인터뷰이들의 자원봉사 활동
을 지원하길 원하시는 분들은 우측의 QR을 참고해주세요.

안드레이 클류치코(Andrii Kliuchko, 32세)는 하르키우(Kharkiv) 북부에 거주하던 IT 계열 종사자다. 전쟁 발발 이후 방탄조끼와 헬멧을 착용하고 민간 자원봉사 단체에 합류하여 도움이 필요한 사람들에게 식료품과 생필품을 전달했다. 지금은 우크라이나인들의 안전한 도피를 돕는 단체 '헬핑 투 리브(Helping to leave)'에서 봉사를 이어 가고 있다. 하르키우는 우크라이나 제2 도시지만 러시아 국경과 매우 인접한 곳으로, 지역에 따라 아직도 간헐적으로 폭격을 당하고 있다. 안드레이와는 2022년 8월 1일에 화상으로 인터뷰했다.

1 하르키우의 안드레이 ; 방탄조끼를 입은 자원봉사자

전쟁은 갑자기 찾아왔다

소개를 부탁한다.

 안드레이 클류치코, 우크라이나 하르키우주州에 살고 있다. 전쟁 전 IT 계열 회사에서 시스템 아키텍쳐system architecture로 일했고 지금도 계속 근무 중이다. 전쟁이 발발한 이후 3월 초부터는 현지에서 자원봉사를 함께 하고 있다.

현재 안전한 곳에 있나. 하르키우의 현재 상황은 어떤가?

전쟁 전에는 하르키우 북쪽에 거주했었다. 3월 이후로는 너무 위험해서 그곳에서 살지 않는다. 전쟁 4일 차에 러시아군이 방어를 뚫고 주택 지역까지 들어온 적도 있다. 주택가 앞 도로에서 전투가 일어났었다. 현재는 하르키우 시내 중심에서 지내고 있다. 하르키우는 우크라이나 제2 도시로 매우 큰 도시다. 그러다 보니 지역마다 상황이 많이 다르다. 안전한 곳도 있고 안전하지 않은 곳도 있다. 지난 몇 달간 이곳 상황은 매우 위험했다. 특히 6~7월은 매일 밤마다 도시가 폭격당했다. 도시의 인프라가 계속해 무너지고 있고 학교, 회사, 창고, 식

안드레이 클류치코 ©Maxim Dondyuk

당, 매장 등이 폭격을 당해 많은 사람이 죽었다. 하르키우는 전선 바로 근처인데 하르키우에 위치한 주민 센터 두 곳이 현재 러시아군에 의해 사로잡혀 있다.

전쟁 전 실제 침공이 일어날 것이라 예상했나?

내 주변 어느 누구도 지금 상황처럼 전쟁이 진행될 것이라고는 예상하지 못했다. 수년간 전쟁 상황이 지속되고 있던 우크라이나 남부 지역, 크름반도Crimean Peninsula, 돈바스Donbas 지역[1] 등에서 상황이 악화할 것으로 생각하긴 했지만 우크라이나 수도인 키이우Kyiv부터 북부인 하르키우, 심지어 러시아와 멀리 떨어진 서부의 르비우Lviv까지 사실상 우크라이나 전역에 폭격이 가해지며 침공이 일어날 거라곤 민간인 누구도 상상하지 못했을 거다.

러시아의 침공이 시작된 2월 24일 당시 어디에 있었나?

단독 주택인 부모님 집에서 자고 있었다. 새벽 다섯 시쯤 시끄러운 소리 때문에 잠에서 깼고 전쟁이 일어났다는 것을 알게 됐다. 반려견들을 데리고 곧장 짐을 챙겨서 부모님이 계신 1층으로 내려가 부모님, 누나와 함께 지하 창고에 임시로 지낼 수 있는 공간을 마련했다. 폭격이 시작된 이후 몇 시간 내로 전기와 인터넷을 연결하고, 따뜻한 옷을 옮기며 모든 준비를 마쳤다.

창고에서 지낸 기간은 얼마나 되나?

약 3~4주간 아버지와 그래도 안전하게 지냈던 것 같다. 누나와 엄마, 반려견들과 고양이는 더 안전한 곳이 필요하다고 생각해 전쟁이 일어난 바로 다음 날 아침에 자동차를 주고 서쪽으로 피신시켰다. 그들은 폴란드에 갔다가 지금은 독일에 있다. 아버지와는 3월 말까지 지하 창고에 숨어지내며 가끔 화장실이나 부엌에 갈 때, 혹은 잠시 외출이 필요할 때만 밖으로 나왔다.

새로 지낼 안전한 곳을 찾는 것도 쉽지 않았을 텐데.

당시 하르키우는 폭격 위험이 커서 아버지가 하르키우를 떠나시도록 설득했고, 다행히 아버지도 오래지 않아 가족들에게 합류하셨다. 아버지가 떠나시며 나도 좀 더 안전한 곳으로 숙소를 옮기게 됐다. 하르키우 시내에서 자기 아파트를 에어비엔비Airbnb로 렌트하던 친구가 있는데 다행히 그 집이 비어 있었고, 마침 내가 일하던 자원봉사단의 창고가 근처에 위치했기 때문에 곧바로 그 집으로 들어가 현재까지 거주 중이다.

멈추면 아무것도 할 수 없다

전쟁이 시작되고 전기나 수도 등 인프라 시설이 마비되기까지 얼마나 걸렸나?

모든 상황이 악화하기까지 한 달이 채 안 걸렸다. 도시가 계속 폭격을 당했고 주민들이 살고 있던 주택 위에도 폭탄이 떨어

져 전기가 끊기고 따듯한 물이 나오지 않고 난방이 끊기기 시
작했다. 시에서도 더 이상 대중교통을 운영할 수 없었고 그렇
다고 개인 자가용을 타고 이동하는 것 역시 안전하지 못했다.
가장 심각한 건 물류였다. 각국에서 들어오는 물류가 끊기고
나니 마트나 매장이 운영될 수가 없었다.

광장히 절망스러운 순간이었겠다.

도시 외곽부터 시내 중심까지 폭격이 이어지니 어쩔 도리가
없었다. 그럼에도 하르키우는 계속 버텼다. 우리가 아직 살아
있고 버려지지 않았다는 강한 느낌을 받았던 것에는 시의 도
움이 컸다. 전기가 끊기거나 물이 나오지 않았을 때 시에서 어
떻게 해서든 시민들을 도와 주려고 노력했고 주민들의 신고
에 최대한 빠르게 조치하려는 게 느껴졌다. 도시 인프라가 하
루가 다르게 무너지는 상황이었지만 가장 위험한 지역을 제
외하고는 계속 시에서 복원 작업을 했다.

도망치고 싶은 순간이 없었나. 그 위험한 상황에서 어
떻게 자원봉사를 할 생각을 했나?

어려운 상황이었지만 모두가 서로서로 돕는 것을 보았기 때

문이다. 공적 지원이 있다고는 해도 국가나 시에서 도울 수 없는 부분이 굉장히 많았다. 자원봉사자들이 주로 그런 부분을 도맡았다. 사실 자원봉사는 어떻게 보면 생각하는 것처럼 그리 어려운 일이 아니다. 많은 위험이 있는 것은 사실이지만 위험하다고 멈추면 아무것도 할 수 없다. 막상 닥쳤을 때 극복하거나 해결할 수 있는 부분도 많고, 만약 그렇지 못한 상황이더라도 위험을 감수한 봉사의 대가로 얻게 되는 과실은 값지다.

그 과실은 자원봉사로 인한 보람을 의미하는 것인가?

그뿐만이 아니다. 많은 이들에게 실질적이고 물질적인 도움이 되고 더 나아가 정신적 도움이 된다. 우리에게는 강한 정신력이 필요하다. 이 상황을 이겨낼 의지를 잃지 않기 위해서 서로서로 도와야 한다. 그것이 곧 도시의 방어 능력을 키워나가는 방법이라고 생각한다.

봉사 활동의 시작은 어땠나? 막상 뭔가를 하려 해도 상황이 마땅치 않았을 터다.

자원봉사를 해야겠다는 것은 일찍부터 마음 먹었고 내 고민은 오히려 어떻게 돕는지에 있었다. 자동차도 가족들을 피신시키느라 이미 떠나보낸 상태였기 때문이다. 휴대폰을 붙잡고 자동차를 어디선가 구할 순 없을지, 중고차라도 구입할 수 없을지 계속 알아봤다. 다행히 자원봉사를 하던 지인에게 연락이 와 하르키우에서 자동차를 팔려고 내놓고 떠난 사람의 얘기를 해줬다. 전쟁으로 판매가 어렵다고 판단해 자원봉사자에게 기부하겠다고 해서서 그 차를 쓸 수 있었다. 처음엔 친구와 함께 도시 이곳저곳을 살피며 도시 상태를 체크했다.

도시의 상태는 어땠나?

내가 사는 곳은 주코프스키Zhukovsky라는 마을이었는데 폭격이 가장 심했던 살토프카Saltivka 지역과 도보로 15분 거리다. 주로 북동부 지역을 따라서 교전이 일어났는데, 러시아는 하르키우 북부의 치르쿠니Tsyrkuny를 점령해 살토프카를 비롯한 하르키우 북동부 지역을 공격했다. 살토프카는 길이만 10킬로미터가 넘는 넓은 동네라 지역 내 건물의 파괴 정도가 매우 달랐다. 가장 북쪽에 위치한 곳은 대부분의 건물이 완전히 파괴되어 있었고 남부로 이동할수록 폭격의 흔적이 조금씩 줄었다. 치르쿠니가 5월에 해방되며 일부 지역엔 슈퍼마켓이 열리고 지하철이 운행되기도 했다. 한쪽에서는 일상을 보내고 한쪽에서는 전쟁이 이어지는 묘한 상황이었다.

복잡한 심정이다. 누군가가 투쟁할 때 누군가는 살아가야 한다. 때때로 다른 지역 사람들이 일상을 되찾은 것을 보면 억울한 마음도 들지만 전쟁 중인 나라에서 살아가려면 어쩔 수 없는 것 같다. 어쩌면 그들이 하르키우의 위험한 상황을 이해하지 못 하는 게 다행스럽기도 하다. 우리가 여기서 더 버티고 견뎌야 서쪽 르비우에 있는 우리 지인들과 그들의 아이들이 하루라도 더 안전하게 보낼 수 있지 않겠나. 우리 정부군이 하르키우를 버렸다거나 하는 얘기도 있지만 나는 그렇게 생각하지 않는다. 더 효율적인 곳으로 병력을 운용하는 과정일 거다.

그들에게 닿아야 한다

주변에 자원봉사자가 많은가?

그렇다. 나만 유일하게 하는 게 아니다. 내 지인 가운데서도 많은 이들이 지금 자원봉사를 하고 있다. 물론 많은 사람들이 가족과 자녀의 안전을 위해 도시를 떠날 수밖에 없었지만 그

렇지 않은 이들은 도시에 남아서 누구보다 더 도움을 필요로
하는 분들을 돕고 있다.

　　각 자원봉사 단체들은 어떻게 구성되고 연결되어 있나?

우크라이나 사회는 서로 돕는 마음이 강하다. 민간 자원봉사
를 중앙에서 통제하는 조직은 없다. 대부분의 자원봉사 단체
는 다 저마다의 방법으로 조직되었다. 그래서 분산되어 있고,
서로를 알아도 활동에서의 교차점이 생기진 않는다. 어떤 팀
은 식료품을 어떤 팀은 약품을 어떤 팀은 군사 지원을 어떤
팀은 피난 지원을 하고 어떤 팀은 아이들과 노인들을 챙긴다.
이 모든 일은 조직적이지도 않고 매우 즉흥적이지만 그럼에
도 조화롭게 진행되고 있다.

　　지난 6월까지 진행했던 '케어박스Carebox'는 어떤 프로
젝트였나?

케어박스는 각 주소지로 식료품을 배달하는 이니셔티브
Initiative였다. 크게 세 가지 업무로 구성되어 있었는데, 성금 모
금, 구호품 구입, 그리고 배달이다. 성금은 해외의 인도적 지
원으로 이뤄진 게 아니라 자체적으로 도네이션(기부금)을 받

아 진행했다. 앞서 말했듯 전쟁이 발발하고 나서 첫 한두 달 동안은 대체로 도시 인프라가 작동되지 않고 식료품점도 운영되지 않았기 때문에 하르키우 내에서 음식을 구할 수 있는 장소가 거의 없었다. 노인이나 장애인 등 거동이 불편하신 분들이나 저소득층에게 굉장히 위급한 상황이었다. 이렇게 음식을 구할 수 없는 분들의 연락처를 모집하거나 도움이 필요한 분들의 신청을 받아서 그분들에게 직접 음식을 배달하는 게 주요 활동이었다. 비교적 더 안전한 도시였던 폴타바Poltava 나 드니프로의 마트에서 식료품을 구입해 퀵 배달처럼 전달했다. 당시엔 의약품을 구할 곳도 거의 없었기 때문에 배송 물품에는 의약품도 포함돼 있었다.

당시 도움을 받았던 분들의 상태는 구체적으로 어땠나?

도시는 굶주린 상태에 있었다. 자신의 집이나 동네에만 간혀 있던 사람이 대부분이었다. 그들은 지인들도 떠난 상태로 불도, 전기도 들어오지 않는 집에서 지냈고 바깥소식도 접하지 못 한 상태였다. 심지어 누군가가 자신을 위해 식료품 배달 요청을 한 사실도 몰라 우리가 도착했을 때 감동하셨던 분들도 있다.

©Maxim Dondyuk

하루에 몇 건이나 배달을 했나?

처음엔 신청 인원수가 많지 않았는데 우리 이니셔티브가 입소문을 타면서 지원해야 할 인원수가 크게 늘었다. 상황이 가장 악화했을 때는 포장과 배달을 포함해 하루에 80~100건의 패키지를 전달했다.

번아웃이 왔을 것 같기도 하다. 나름의 해법이 있었나?

우리가 돕는 사람들과 접촉을 최소화하려고 했다. 일단은 폭
격 위험이 심한 곳에 자주 머무는 것이 위험하기도 하고 긴장
상태에서 여러 건을 치밀하게 계산하며 배송하는 건 매우 힘
든 일이다. 게다가 그분들의 삶을 알면 알수록 감정을 추스르
는 게 어려워졌다. 걱정과 슬픔이 밀려오면 집중력을 잃게 되
고 초점과 통제력, 안정감을 잃게 된다. 이 일에 집중하기 위
해 지금 현재 내가 어디에 있는지, 앞으로 어떻게 움직여야 하
는지만 생각하려고 했다. 기계적이고 신속하게. 지금도 감정
이입을 하지 않으려고 많은 노력을 한다. 그럼에도 수많은 아
픈 이야기들이 들려오고 그들과 일정 부분 슬픔을 나누게 되
는 것은 어쩔 수 없는 것 같다.

케어박스 활동을 도중에 멈췄다. 그 배경은 무엇인가?

케어박스 활동을 일과로 표현하면 아침에 주소 목록을 받은
후 식료품이 도착하면 안전한 경로를 계산하고, 배달 준비를
마친 운전 기사들에게 나눠 주소지로 배송하는 프로세스다.
배송지가 하르키우에 한정되어 있었을 땐 최적의 경로를 구
성해 빠르게 배달하는 것이 이슈였다. 폭격이 이어지던 3~4

월에는 도로에 차도 거의 없었고 신호등도 작동하지 않아 배달을 신속히 수행할 수 있었다. 그러다 지난 5월에 상황이 바뀌었다.

5월이면 하르키우의 상황이 약간 호전되었을 때 아닌가?

그렇다. 5월 중순쯤부터 많은 사람들이 하르키우에 돌아왔다. 케어박스의 배달도 전반적으로 느려졌다. 지하철이나 대중교통도 다시 다니기 시작했다. 시에서 이를 무료로 운영했다. 매장이나 식료품점도 다시 열기 시작했다. 그래서 이 이니셔티브의 일이 그렇게까지 필요한 일이 아니게 됐다. 그래서 더 위험한 지역들에 포커스를 맞춰서 외곽으로 배달을 하기 시작했다. 지금은 케어박스가 아닌 또 다른 자원봉사로 활동을 넓히고 있다.

새로 참여하게 된 자원봉사 단체는 무엇이고 어떤 활동을 하는가?

군사 분쟁 지역에서 사람들이 대피하도록 돕는 '헬핑 투 리브 Helping to leave'라는 단체다. 우크라이나인들과 전쟁을 반대하는

We help people evacuate from areas of military conflict. Our mission is to keep people safe and meet their immediate needs

Our team works 24/7 providing consultations to those seeking help, guiding them through the evacuation process, and connecting them to the volunteers on the ground for all humanitarian needs.

We cover transport expenses, provide information, and arrange for counselling where necessary.

We help Ukrainians affected by war – also those who were forcibly deported to the temporarily occupied territories of Ukraine or to Russia.

>132,800	people received informational, financial, psychological assistance, or transit to a safe area
>43,000	of them were escorted by our operators throughout the entire evacuation process
€100	the average amount we spend on one evacuation

헬핑 투 리브 홈페이지의 소개 글 ©helping to leave

러시아인이 함께하는 기관이다. 러시아군에 의해 점령된 동부 지역에서 우크라이나인들이 계속 러시아로 강제 이주를 당하고 있는데, 이 사람들이 유럽 등 안전 지역으로 피난할 수 있게 돕고 있다. 나는 우크라이나 내에서 미니밴minivan을 끌고 위험 지역에 가서 피난을 희망하시는 분들을 모셔 온다. 주로 얼마 전까지 점령 상태에 있거나 폭격이 이어지던 곳들이다. 텔레그램 등으로 신청을 받고 데이터베이스를 기반으로 사람들에게 최신 정보를 제공하며, 필요한 경우 의료 지원을 하거나 학대당한 여성을 지원할 수 있는 전문가를 연결하기

도 한다. 새로운 정보나 드라이버 및 자원봉사자들의 연락처
는 팩트 체커 팀에서 확인 후 도움이 필요한 사람들에게 연결
하게 된다.

인터넷이 정말 중요하겠다. 전쟁 전의 직업이 자원봉사
에도 도움이 됐나?

그렇다. 인터넷과 소셜 미디어의 힘이 정말 크다. 사람들, 특
히 노년층에게 다양한 디바이스의 사용법을 알려 주거나 시
스템 구축이 필요한 곳에 기술적 지원을 해주는 것이 자원봉
사에 있어 큰 역할을 하고 있다. 나 역시 IT 관련 직종이었기
때문에 인터넷을 운영하고 연락망을 구축하는 프로세스를 굉
장히 잘 알고 있다. 일반적으로 젊은 사람들은 디지털 기기에
익숙하기 때문에 자원봉사에 유리한 지점이 있다. 또 전쟁 전
취미 생활 중 하나가 '오토 퀘스트Auto-quest'였다. 도시에서 하
는 야외 시뮬레이션 게임인데 팀을 나눈 후 목적지를 정하고
그 과정에서 목표를 달성하며 계속 다음 거점으로 이동하는
보물찾기 같은 게임이다. 약 세 시간에서 열다섯 시간 동안 이
어진다. 친구들과 이런 게임을 즐겨 했기 때문에 자동차로 최
적의 동선을 짜는 데 굉장히 유리했다.

방탄조끼와 헬멧

자원봉사 과정에서 다양한 위험이 있었을 것 같다.

일단 포로로 잡힐 위험이 존재한다. 전선과 인접한 지역으로 다닐 경우 상대편 군인에게 언제든 표적이 될 수 있다. 나는 겪지 않은 일이지만 주변에 유사한 일이 있었다는 얘기를 들었다. 게다가 아무래도 자동차를 타고 다닐 일이 많아 휘발유가 많이 필요한데 전쟁 상황으로 인해 안정적 수급이 어렵다. 또한 어떤 물품을 구입해야 할 때 지원받은 돈이 떨어지거나 하는 크고 작은 어려움이 있다. 그렇지만 이 모든 어려움은 우리가 공격을 받아 다치거나 죽을 수도 있다는 점 앞에서는 아무것도 아니다.

방탄조끼를 입고 활동했다는 얘기를 들었다.

대체로 민간인들이 도시에서 사망하거나 부상을 입게 되는 이유는 폭탄의 파편 조각을 맞기 때문이다. 그래서 자원봉사자들은 보통 헬멧을 쓰거나 방탄조끼를 입고 이동한다. 나 역시 자원봉사를 하기로 결심했을 때 우선적으로 한 일이 헬멧과 방탄조끼를 구하는 것이었다. 처음 그것을 입었을 때의 기분은 기억나지 않지만 하나 확실한 것은 밖에 이동할 때 훨씬 더 안심된다는 것이다. 아무래도 일상생활을 할 때보다 훨씬 더 오랜 시간 외부에 노출되기 때문에 안전한 루트를 짜야 했고 빠른 이동이 필요했는데, 방탄조끼와 헬멧은 이런 활동을 함에 있어서 든든한 장비였다.

실제로 경험한 폭격 상황이 있었나?

나를 포함해 내가 관리했던 운전 요원들 모두 폭격을 당해 근처에 있는 지하 방공호로 뛰어가야 했던 적이 여러 차례 있다. 주로 3~4월의 일이다. 한 번은 사람이 별로 살지 않는 북부 지역으로 도움이 필요한 사람들에게 물건을 전달하러 갔었다. 배달을 끝내고 돌아가는 길에 주민분들이 몇 분 나와 계시기에 차에서 내려 인사를 건네고 이런저런 도시 상황을 여쭙고 있었는데 대화를 마치고 차에 들어가자마자 폭격이 시작됐다.

폭격이 일어나면 어떻게 행동해야 하나. 나름의 매뉴얼이 있나?

원칙적으로 행동 규칙이 명확하다. 최대한 빨리 몸을 피하고 주변에 있는 사람과 나 자신을 보호하는 것이다. 사실 그 이외에는 통제할 수 있는 요소가 별로 없다. 그저 그 상황이 끝나길 기다려야 한다. 기다림은 어렵지 않다. 그런데 전쟁 상황에서 살다 보면 이것이 실제 폭격인지 아닌지, 아군의 공격인지 적군의 공격인지도 헷갈리게 된다. 처음엔 아군이 공격하는 소리라고 생각했는데 주민분들이 급히 피신하시며 손짓하시기에 자동차, 차 키, 휴대폰을 다 내팽개치고 얼른 아파트 옆 지하실로 따라 내려갔다. 다양한 상황에서 이런 일을 겪는데, 가장 긴장이 될 때는 차에 타고 도로 위에 있을 때다. 차 안에 있으면 도무지 바깥 상황을 파악하기 어렵고 소리가 어디서 난 것인지, 폭격 방향이 어디인지도 알기 어려워서다. 전쟁 초기에는 바람과 엔진 소리가 상황 파악을 방해하지 않도록 창문을 내린 상태로 속도를 낮춰서 다녔다.

가장 위험했던 순간은 어떤 순간이었나?

폭격은 워낙 일상다반사고 만약 벌어지면 무방비로 당할 수밖에 없으므로 솔직히 그렇게 무섭진 않은 것 같다. 오히려 정말로 무서웠던 건 다른 에피소드다. 3월 초였다. 내가 있던 주코프스키 마을은 당시 시내를 가로지르는 도로가 있고 길 위엔 우리 군 검문소가 있어 들어오고 나갈 때 늘 검문을 받았다.

봉사 활동을 끝내고 밤에 평소처럼 차로 돌아오고 있었다. 도로 위엔 나 혼자였다. 저 멀리 지평선 너머에서 커다란 장갑차가 내 차를 향해 달려오는 것이 아닌가. 기관총, 군인, 거대한 바퀴가 차례로 모습을 드러냈다. 우리 군과 적군의 장비는 굉장히 비슷하고 군사 표식도 잘 보이지 않아서 순간 엄청난 공포에 휩싸였다. 우리 마을이 공격을 당해버린 것 아닌가 하고 말이다. 이미 수차례 러시아 군대가 방어를 뚫고 도시로 진입한 뉴스가 많았고 아무렇지도 않게 민간 차량을 폭격하는 영상도 많이 봐서 온갖 생각이 다 들었다. 다행히 장갑차는 내차를 그냥 지나쳐 갔고 마을은 무사했다.

다치거나 죽은 동료가 있나?

자원봉사를 함께하던 가까운 친구가 있다. 3월 2일 살토프카 지역에 식료품 패키지 배달 후 돌아오는 길에 차량에 떨어진 폭탄의 파편을 머리에 맞아 사망했다. 살토프카는 러시아의 점령과 공격이 주로 이어진 곳이다 보니 아무리 위험해도 자원봉사를 한다면 어쩔 수 없이 지나야 하는 지역이었다. 하르키우의 수백 명이 좋은 사람으로 기억하는 친구다. 이외에 나와 함께 했던 다른 자원봉사자들은 다행히도 모두 무사하다.

©Maxim Dondyuk

우크라이나 정부는 잃어버린 영토를 수복하길 원하는 것 같다. 전쟁이 더 길어질 수 있는데 이에 대한 의견이 궁금하다. 시민들은 어떤 마음인가?

사람들의 의견은 다양하고 내가 그 모두를 대표해서 말할 수는 없다. 전쟁을 견디는 것은 매우 힘든 일이지만 내가 느끼기에 대체로 사람들은 지난 2월 24일부터 빼앗긴 영토를 되돌려받기 전에는 휴전을 원하지 않는 것 같다.

한국은 전쟁으로 분단을 경험했고 북한의 핵실험으로 언제든 위기가 고조될 수 있어, 이 전쟁을 엄중하게 보고 있다. 한국 독자들에게 해주고 싶은 말이 있나?

우크라이나 전쟁을 예전 한국 전쟁에 비유하는 것을 여러 차례 들은 적이 있다. 같은 뿌리에서 출발한 가장 가까운 민족인데 외부의 개입이나 국제 정치적 상황에 의해 내전과 비슷한 일을 겪게 된 것이 참 안타깝다. 물론 이 두 전쟁이 일어난 경위와 시대는 완전히 다르고 국제적 상황도 굉장히 다르다. 하지만 21세기에도 이런 분쟁이 평화롭게 해결되지 못하고 결국 전쟁을 동원해야 한다는 것이 놀라울 뿐이다. 하르키우처럼 국경과 가까이 접한 곳의 민간인 피해는 날로 심각해지고 있지만 안타깝게도 우크라이나 전쟁은 계속 길어질 것 같다. 한국 독자들에게 말씀드리고 싶은 것은 부디 한국에는 이러한 전쟁이 일어나지 않기를 바란다는 것이다.

자원봉사를 이어나가는 데 필요한 것은 무엇인가? 인터뷰를 보는 독자들이 어떻게 하면 도움을 줄 수 있나?

우크라이나는 다양한 차원의 도움이 필요하다. 국가적 차원에서는 당연히 군사 지원이나 인도적 지원들일 것이다. 이외에도 개인 자원봉사자들이 함께하는 많은 재단이 있고 그 재단들은 활동 성격에 따라 필요한 것도 다르다. 다만 민간 차원에서 하는 자원봉사는 대체로 성금을 통해 이뤄진다. 우리는 그 돈으로 식료품과 약을 사거나 민간인을 피신시키는 데 사용되는 모든 물품을 구매한다. 대부분의 자원봉사 단체가 경제적 지원이 절실하다. 내가 활동하는 헬핑 투 리브를 돕고 싶다면 홈페이지를 통해 금전적으로 우리를 지원할 수 있다. 우리의 활동이 자세히 설명되어 있고 도움을 줄 수 있는 방법도 잘 소개되어 있다.

테탸나 부리아노바(Tetiana Burianova, 26세)는 '리페어투게더(Repair Together)'라는 단체에 소속된 자원봉사자다. 리페어투게더는 IT 기업에 근무하는 친구들과 파티 플래너였던 친구들 일곱 명이 만든 자원봉사 단체다. 이들은 체르니히우(Chernihiv)를 중심으로 폐허가 된 지역의 부서진 잔해를 수습하고 망가진 건물을 수리한다. 모두 레이브(Rave) 같은 파티 문화를 사랑하는 만큼, 봉사 시간을 즐겁게 보내고자 마치 파티에 초대하듯 자원봉사자들을 모집한다. 봉사 활동 현장에 모인 이들은 디제이가 트는 음악에 맞춰 함께 춤을 추며 잔해를 청소하고 지역 사회에 음식을 나눈다. 테탸나와는 2022년 8월 5일에 화상으로 인터뷰했다.

2 체르니히우의 테탸나 ;

레이브 톨로카

이들이 하는 행사의 총칭을 '톨로카Толока'라고 하는데, 이는 러시아, 우크라이나, 벨라루스, 에스토니아, 라트비아, 리투아니아에서 농촌 내 상호 지원 형태로서 이뤄지는 노동을 말한다. 품앗이와 같은 의미다. 구소련 지역에서 김장 등을 할 때도 이 용어를 썼다고 한다. 주로 추수, 삼림 벌채, 마을 내 공사 등 노동 인력이 많이 필요한 긴급 상황일 때 진행되는 행사를 톨로카라고 불렀으며 그 외에도 교회, 학교, 도로 공사 및 건설 작업, 쓰레기 수거 등의 노동이 그 대상이 되는 경우도 있었다.

잔해로 뒤덮인 마을

본인과 함께 리페어투게더의 간략한 소개를 부탁한다.

테탸나 부리아노바다. 친구들과 함께 '리페어투게더'라는 자원봉사 단체에서 일하고 있다. 리페어투게더는 전쟁으로 망가진 건물이나 황폐해진 지역으로 자원봉사자를 모집해 해당 지역 주민들이 다시 집에서 지낼 수 있도록 복구하는 작업을 한다.

리페어투게더는 어떤 계기로 시작하게 됐나?

리페어투게더는 친한 친구 일곱 명이 만든 단체다. 원래 각자 키이우나 체르니히우 등에서 일하고 있었는데 전쟁이 시작된 이후 우리들은 함께 모여 자원봉사를 해야겠다고 결심했다. 어떤 도움을 누구에게 줄 수 있을지 많은 고민이 있었다. 처음 체르니히우가 점령군으로부터 해방되었을 때 우리는 바로 그곳에 가서 마을에 나와 계신 분들과 얘기를 나눴는데 그 과정에서 리페어투게더의 아이디어를 떠올렸다.

당시 체르니히우의 상태는 어땠나?

일단 전반적으로 상황이 매우 좋지 않았다. 주택가가 폭격으로 완전히 무너져 있었다. 창문이 다 터지고 지붕은 무너져 내린 상태였다. 집 벽면은 부서졌거나 회반죽이 흘러내리고 있었다. 마당은 불에 탄 흔적이 역력했다. 점령 기간 동안 약 4000채 이상의 집이 파괴된 것으로 안다. 모든 게 믿기지 않을 정도로 다 부서진 상태였다. 당시엔 날씨도 아직 추워서 주민들이 그곳에서 지내는 것조차 힘들어 보였다. 그래서 잔해를 치우고 건물을 보수하는게 시급하다고 생각했다.

Toloka Ⅶ ⓒPasha Youz

처음 봉사를 시작한 곳은 어디인가?

4월 말에 처음으로 체르니히우의 야히드네Yahidne라는 마을을 방문했고 그곳에서 5월 초를 시작으로 도움을 주게 되었다. 어찌 됐든 그곳에서 거주하셔야 하는 주민분들이 계시기 때문에 다시 그분들이 거주할 수 있는 집을 만들어 드려야 했다. 처음엔 일단 쓰레기를 치우고 무너져 내린 부분을 정리했다.

모아진 성금으로는 창문을 새로 달아 드리고 지붕을 고쳐 드리며 내부 공사를 해드렸다.

전쟁 전 다들 어떤 직업을 가지고 있었나? 건설 관련된 일을 해본 사람이 있나?

핵심 멤버 일곱 명 중 건설과 관련된 직업을 가진 사람은 단 한 명도 없다. 예를 들어 우리 대표나 다른 남자 멤버들은 IT 계열에서 근무하거나 포토그래퍼, 그래픽 디자이너 등의 직업을 갖고 있다. 나를 포함한 여자 친구들 셋은 이벤트 플래너다. 같이 이벤트 매니지먼트에서 일했다.

전쟁 전의 직업이 봉사활동에 오히려 도움이 됐을 수 있겠다.

그렇다. 이벤트 플래너였던 나와 내 친구들은 우크라이나 국내 여행과 옥외 파티, 야외 이벤트 등을 개최해 왔다. 그러다 보니 우리 직업에서 기인한 장점을 십분 발휘할 수 있었다. 우리는 우크라이나 국내 곳곳에 많이 다녀 봤고 인맥도 넓고 어떤 행사를 어떻게 치러야 하는지 잘 알고 있었다. 자원봉사자들을 모집하고 커뮤니티를 만들고, 어떻게 차량을 구해 이동하고 캠핑을 진행하는지, 숙박 시설을 어떻게 마련하고 야외에서 어떻게 음식을 만들고 대접하는지 말이다.

그래도 건물 수리와 관련된 전문 인력이 필요했을 터다.

물론 건설 쪽 전문가도 필요하다. 단순히 청소를 하는 게 아니라 실제로 집을 짓거나 보수하는 등 전문가의 손길이 필요한 부분이 많기 때문이다. 자원봉사자 가운데서도 건설 전문가 분은 따로 사례비를 드리며 모셔 와 도움을 받았다.

우리의 삶은 파티였다

이벤트 플래너였던 만큼 그 정반대인 지금의 전쟁 상황이 참 힘든 시간이겠다.

전쟁이 일어나기 전 우리의 삶은 테크노, 음악 페스티벌, 레이브 등의 이벤트로 가득했다. 그러나 지금 우리의 삶은 오로지 자원봉사로 가득하다. 우리 팀 모두 전쟁 전의 일상이 너무나 그립고 육체적으로, 정신적으로 매우 힘들다. 별 고민 없이 즐거워할 수 있던 그때의 분위기가 다시 돌아왔으면 좋겠다.

Rave Toloka ⓒPasha Youz

'레이브 클린업Rave Cleanup'이 정말 인상 깊었다. 어떻게
자원봉사에 음악을 곁들일 생각을 했나?

지금 키이우는 그나마 안정적인 상태가 됐고 많은 사람들이
정상적인 삶을 되돌리려고 노력하고 있다. 하지만 아직도 통
행 금지가 있고 심리적인 안정을 찾기는 어려운 상태다. 자유
롭게 일상을 즐길 수 있는 분위기가 아니다. 그래서 우리는 어
떻게 하면 유익하게 봉사를 하면서 우리 자신들도 마음의 쉼
을 얻을 수 있을지, 자유로운 분위기를 만끽할 수 있을지를 고
민했다. 우리의 삶이 여기서 멈추는 것이 아니며 예전의 삶으

Rave Toloka ⓒPasha Youz

로 돌아갈 수 있다는 희망이 우리 자신부터 필요했다. 그러다 테크노 음악을 떠올렸고 자원봉사 현장을 마치 파티처럼 만들어 보고자 했다.

현장의 분위기가 어땠는지 정말 궁금하다.

테크노 음악을 듣고 춤을 추며 청소를 하는데 마치 예전 삶으로 돌아간 것처럼 기분이 좋았다. 지금 우크라이나인들은 매우 지쳐 있고 몸과 마음도 몹시 힘들다. 우리가 방문하는 현장 역시 참혹하다. 하지만 함께 와준 자원봉사자 모두 즐겁고 희망차 보였다. 그 모습을 보니 지금의 봉사도 예전 우리의 직업과 다를 게 없었다. 이 많은 분들에게 진정한 도움과 희망을 주는 일을 우리부터도 즐기면서 이어갈 수 있겠구나 하는 생각이 들었다. 예전 우리의 삶이 테크노 음악으로 가득했다면 지금은 자원봉사로 가득하다고 하지 않았나. 이 두 가지가 결코 상반되거나 동떨어진 것이 아님을 확인한 것이다.

소셜 미디어를 보니 행사를 늘 재밌게 조직하더라. 일반적인 파티 홍보 게시물처럼 보였다.

우리는 모든 행사나 이벤트를 치를 때 모두가 흥미롭고 즐거울 수 있게 많은 노력을 한다. 단순히 유익한 활동에 그치는 게 아니라 각자에게 좋은 추억을 만들어 주고 싶기 때문이다. 우리 게시물을 보고 현장에 온 자원봉사자들은 새로운 커뮤니티를 만나며 새로운 친구와 지인을 사귀게 된다.

행사는 구체적으로 어떻게 진행되나?

예를 들어 우리가 어떤 지역에서 레이브 클린업을 열면 며칠간 그 지역에서 머물게 되는데, 그곳에서 반드시 마을 근처의 자연 경관이 아름다운 곳, 이를테면 호수 같은 곳을 찾아 캠핑

리페어투게더의 인스타그램 캡처 ©Repair Together

을 준비한다. 자원봉사자들이 일을 끝내고 돌아오면 숯불에 구운 맛있는 음식을 만들어 주고 함께 캠핑하면서 밤새 대화를 나눈다. 캠프파이어 주변에 앉아 함께 음악을 들으며 이야기를 나누면 힘든 것도 금세 잊게 된다. 레이브 기간 중 보통 둘째 날 공연을 한다. 우리 지인 중에는 많은 수의 우크라이나 뮤지션이 있고 이들을 초청해 공연을 진행했다. 고맙게도 다들 무료로 공연을 진행해 주신다.

Rave Toloka ⓒPasha Youz

많은 인원을 통솔하는데 어려움은 없나?

우리가 행사를 열 때마다 인원이 정말 많이 오는데 그래서 꼭
조를 나눠 팀별로 움직인다. 다들 한마음 한뜻이라 그리 어렵
지 않다. 우리가 가끔 전문 DJ를 초청하지 못할 때가 있는데,
각 팀별로 꼭 스피커를 하나씩 구비하도록 해 어디서든 음악
이 울려 퍼지게 한다. 유익한 일을 하며 몸도 마음도 즐거울
수 있도록.

Rave Toloka ⓒPasha Youz

지역을 바꾸는 봉사

지역 주민들의 반응은 어떤가?

대체로 우리가 도움을 주는 지역은 러시아군으로 인해 점령
되었던 곳이라 주민분들이 모두 마음고생을 정말 많이 하신
분들이다. 이 행사는 자원봉사자들뿐 아니라 마을 주민을 위
한 행사이기도 하기에 이분들에게 조금이나마 더 위로가 되
고 힘이 될 수 있게 다방면의 노력을 한다. 무엇보다 심리적인
안정을 찾고 이제 안전하다고 느끼실 수 있도록 우리 자원봉

사 커뮤니티가 행사 내내 함께해 드리고 있고, 경제적 도움도 드리고 있다. 이를테면 지역에서 만드는 식료품이나 유제품 또는 지역 기념품들을 우리 자원봉사자들에게 판매할 수 있게 자리를 마련하고 다른 지역으로도 판매할 수 있게 도움을 드리고 있다.

크레모아나 지뢰 등의 재래식 무기가 남아 있진 않았나? 잔해 속에 위험 요소가 많았을 텐데.

사실 전쟁 중이기 때문에 곳곳에 무기나 군사 흔적, 지뢰 등이 발견되는 것은 매우 당연한 일이다. 야히드네 마을 회관을 청소하려고 했을 때 한참 동안 허가를 받지 못한 이유가 바로 그곳이 러시아군의 군사 무기 창고였기 때문이다. 아무래도 일반 자원봉사자나 주민들이 들어가기에 안전하지 않은 곳이라 시에서 허가를 내주지 않으려 했다. 몇 차례나 요청한 끝에 거듭 안전 확인을 거쳐 겨우 허가가 났다. '긴급 상황에 대한 우크라이나 국가 서비스DSNS'[2]라는 기관이 있는데, 여기에 지뢰 제거를 전문으로 하는 군인들도 있다. 이분들이 몇 차례나 확인했는데도 무기나 파편들, 또는 제거되지 않은 지뢰가 발견됐다. 물론 그렇게 발견된 지뢰들은 더 이상 위험한 것이 아니라고 하더라. 어쨌든 자원봉사 현장에 와주시는 분들이 위험하지 않도록 항상 미리 주의시키고 어떻게 행동해야 하는지 알려 드리고 있다. 현장에서 다양한 전문가분들의 도움도 받고 있다.

> 전쟁이 끝나면 전후 재건이 필요할 것이다. 각자 본업으로 돌아가게 될 텐데 또 어떤 방법으로 힘을 보태고 싶은지 궁금하다.

이미 우리는 복원과 재건 사업을 하고 있다. 전쟁이 끝나더라도 지금 하는 일을 계속할 것 같다. 우리는 이미 여러 건의 주택 공사를 계획 중이며 전쟁 종식과 관계없이 모두 진행할 것이다. 친구들 모두 우리가 사람들에게 가장 도움을 줄 수 있는 분야가 바로 이것이라는 공감대를 가지고 있고, 정말 많은 분들이 우리를 도와주고 있으며 이미 좋은 커뮤니티가 결성됐다. 우리가 연 프로젝트에 여러 차례 참석해 주신 분들도 많다. 무엇보다 우리 행사에 처음 오신 분은 있어도 한 번 오시고 마는 분들은 없다. 일차적으로는 이렇게 주택 공사와 재건에 힘쓸 예정이고 그다음엔 사회적 인프라를 복원하는 데 도움이 되고 싶다. 이를 위해 꾸준히 성금을 모금하고 있다.

지금까지 행사를 진행한 지역, 앞으로 진행할 지역은 어디인가?

지금까지 청소 행사를 진행한 것은 세 곳이다. 루카시브카, 야히드네, 이바노프카Ivanovka. 다음 청소 행사는 슬로보다Sloboda에서 진행한다. 이와 별개로 루카시브카에서 주택 공사를 열두 건 진행하려고 하는데 그중 네 개의 프로젝트는 이미 구성이 마무리됐고 전문가들을 초청해 자원봉사자들과 함께 일을 시작하려고 준비하고 있다. 2주 후부터 새로운 공사에 들어간다.

한국 독자들, 그리고 리페어투게더를 돕고자 하는 사람들에게 전하고픈 말이 있나?

일단 우리에게 관심을 가져준 한국 독자들에게 감사드린다. 매번 이벤트를 진행할 때마다 북미 지역이나 유럽에서 오시는 외국인분들이 많은데 혹시라도 키이우에 오실 한국 분들이 있다면 우리는 정말 기쁘게 맞이할 것이고 너무 반가울 것 같다. 전쟁이 끝나고라도 언제든 키이우에 오면 우리와 즐겁고 유익한 일을 하며 실질적인 도움을 줄 수 있을 것이다. 두 번째로는 우리 소셜 미디어에 들어가 보면 인스타그램에 후

Toloka VII ⓒPasha Youz

원금을 주실 수 있는 경로가 적혀있다. 소셜 미디어에 우리 계정의 사진이나 후원 정보를 리포스팅 해주시는 것만으로도 큰 도움이 된다.

아나스타샤 추코프스카야(Anastasia Chukovskaya)는 선생님이자 러시아 독립 언론사의 기자 출신인 교육 연구자다. 그는 러시아인이다. 작곡가이자 뮤지션인 남편 알렉세이 젤렌스키(Alexey Zelensky)와 함께 헝가리 부다페스트에 살고 있다. 이 부부는 전쟁이 시작되자마자 헝가리의 우크라이나 난민들이 지낼 숙소를 마련하고 아이들이 교육받을 수 있는 시설을 열었다. 현재는 식료품 카드 프로그램을 통해 자원봉사를 이어가고 있다. 아나스타샤의 증조부는 러시아의 유명 작가이자 번역가인 코르네이 추콥스키(Kornei Chukovsky)인데, 이 때문에 러시아 언론으로부터 조국과 증조부를 망신시킨다며 비난받는다. 그럼에도 그는 도움을 멈추지 않는다. 아나스타샤와는 8월 초 서면으로 인터뷰했다.

3   부다페스트의 나스챠 ;
우크라이나를 돕는 러시아인

매일 밤 나는 기차역에 나갔다

<u>본인 소개를 부탁한다.</u>

나스차(아나스타샤의 줄임말, 애칭) 추코프스카야, 러시아 국적
자다. 교육 프로그램을 기획하는 프로듀서이자 교육자다. 헝
가리에서는 11년 동안 살고 있고 업무상 해외 출장이 자주 있
었다. 전쟁 전에는 러시아를 꾸준히 왕래해 왔다.

<u>갈 곳 없는 우크라이나 난민들을 위해 숙소를 제공했다
고 들었다.</u>

전쟁이 일어난 후 작곡가이자 뮤지션인 남편과 함께 부다페
스트에 도착하는 피난민들에게 숙소를 제공하기 시작했다.
이들은 주로 부다페스트를 통해 유럽의 다른 지역으로 이동
하는 사람들이었는데 전쟁 초장기에는 그들을 우리 집에 머
물게 했다. 남편이 스튜디오 작업실로 쓰는 작은 아파트가 있
어 그곳을 청소하고 장비를 다 정리한 다음 아기 침대와 간이
침대를 들이고 침구를 갖다 놨다. 많은 분의 도움으로 수건,
음식 등을 확보해서 하루에 여덟 명이 묵을 수 있는 숙소를
만들어 냈다.

아나스타샤 추코프스카야 ⓒEvgenia Vesnina photo

도움이 필요한 사람들을 어떻게 찾을 수 있었나?

우리가 도움을 줄 수 있다는 것을 페이스북과 인스타그램을 통해 알렸다. 세계 곳곳의 단 한 번도 만나 본 적 없는 사람들이 우리가 피난민을 도울 수 있도록 에어비앤비와 부킹닷컴 Booking.com 숙소를 제공해 주었다. 한 여성분은 기차역 바로 근처의 호텔 방을 잡아 주시기도 했다. 우리는 점점 더 많은 사람들에게 숙박을 제공하는 방법을 터득했고, 하루에 30명 이상에게 숙박을 제공해 줄 수 있게 됐다.

숙소로 이들을 인도하는 과정은 어땠는지 알려 달라.

매일 밤 기차역에 나갔다. 밤 10시부터 새벽 2시까지 역에서 당직을 섰다. 피난민들이 안전한 잠자리를 구하기 가장 어려운 시간이기 때문이다. 그때만 해도 상당히 추운 겨울이었다. 역에는 몹시 지친 사람들이 속속들이 도착했고 그들을 발견하는 대로 픽업해 아파트와 호텔에 데려다줬다. 대부분의 사람들이 부다페스트를 경유해 움직였기 때문에 다음 날 밤도, 그다음 날 밤도 똑같은 일을 반복했다.

예상보다 전쟁이 길어져 활동에 변화가 생겼을 것 같다.

전쟁 초에 유럽을 향하는 우크라이나인들은 대체로 정확한 목적지를 갖고 있었다. 친척이나 지인이 있는 곳, 혹은 나름의 인맥이나 연이 닿은 유럽 국가들로 떠나는 사람들이었다. 그런데 4월부터는 상황이 바뀌었다. 4월 이후 입국한 난민들은 앞으로 어디로 가야 할지, 어떻게 생활을 이어 가야 할지 모르는 사람들이었다. 그저 우크라이나 가까운 곳에 남아 있길 원했다. 그냥 헝가리가 우크라이나의 접경 국가이기 때문에 건너 온 사람들이던 것이다. 하루 이틀 밤 묵을 수 있는 숙소가 필요했던 사람들이 점차 사라지다 보니 이 경유 숙소 제공 프로젝트는 4월 중순쯤 서서히 종료했다. 피난민들에게는 단기가 아닌 장기 숙소가 필요했다. 그러다 보니 개인 차원에서 도울 수 있는 것에 한계가 있었다. 현재 몇 우크라이나인 교사들에게 아파트를 임대해 주고 있는데 그게 다음 활동을 위한 터닝 포인트가 됐다.

국경 없는 교실의 아이들

난민 아이들을 위한 학교는 어떻게 설립하게 됐나?

어느 날 밤 부다페스트 기차역에서 키이우를 빠져나온 학교 선생님들을 픽업했다. 푹 쉬고 일어난 다음 날 아침 선생님들이 제일 먼저 물은 것은 우크라이나 아이들의 안부였다. 지금 아이들은 어디에 있는지, 아이들을 가르치는 교사나 학교는 있는지를 내게 물었다. 나는 아무런 학교도 없다고 대답했다. 그때 그 대화를 나눈 선생님과 학교를 설립하기로 했고 그렇게 탄생한 것이 '국경 없는 교실(Learning without borders, 우크라이나어: Освіта без кордонів)'이었다.

©Evgenia Vesnina photo

사진을 보니 학교에 정말 예쁜 그림이 많더라. 직접 그린 것인가?

부다페스트에 피난 온 우크라이나 화가분들을 초청했고 그분들이 그려 주셨다. 설립 과정에서 운이 좋았다. 한 유명 브랜드가 소유하고 있는 넓은 사무실 건물이었는데 우리가 자유롭게 학교 건물로 사용할 수 있게 흔쾌히 내어 주셨다. 벽화를 그린 화가분들께 팔로워들이 보내 주신 기부금으로 사례비도 드리며 예쁘게 꾸몄더니, 볼품없던 사무 공간이 멋지고 아름다운 학교로 변했다.

©Evgenia Vesnina photo

**학교를 열기까지 난관이 많았을 텐데 어떻게 그리 빠른
시일 내에 열 수 있었나?**

이것도 운이 좋았다. 우크라이나계 헝가리인인 한 남자분이
내 페이스북 포스팅을 번역기를 돌려 읽으며 내가 학교를 설
립하려는 걸 알게 되셨다. 본인이 일하는 곳은 직원이 2만 명
규모인 IT 기업인데 회사에서 크라우드 펀딩을 진행하고 그
렇게 모집한 성금을 두 배로 불려줄 수 있다고 했다. 'Cross
Over'라는 이름의 회사였는데 이들은 약속을 지켰다. 놀라울
정도로 빠르게 모아진 기부금으로 우리는 4월 중순에 학교를

오픈할 수 있었다. 상상이 되나? 학교 문을 여는데 고작 2~3
주밖에 걸리지 않은 것이다.

지속적인 운영을 위해 많은 돈이 필요했을 것 같은데
어려움은 없었나?

역시나 개인이라는 것의 한계가 컸다. 나는 그저 에너지가 넘
치는 평범한 사람이다. 모든 것을 냉정하게 판단하고 처리하
기 어려웠다. 지금 일어나고 있는 상황들로 인해 공포에 질렸
고 어쩔 줄 모를 때도 많았다. 또한 개인 자격으로는 지원해
주시는 건물이나 모아진 성금을 받을 수 없었기 때문에 비영
리 단체의 도움이 필요했다. 헝가리의 자선 단체인 '마이그레
이션 에이드Migration Aid'에 찾아가 내 사정을 설명했다. "많은
피난민 선생님이 있고 그들을 취업시켜 주어야 한다. 전쟁으
로부터 피난 온 수많은 아이들이 학업을 계속해 나가고 학기
를 마쳐야만 한다."라고 그들을 설득했다. 그 결과 다행히도
마이그레이션 에이드 측에서 학교 프로젝트를 인수해 갔다.

©Evgenia Vesnina photo

학교는 지금 문제없이 운영되고 있나? 그렇지 않다면 그 이유는 무엇인가?

다행히도 국경 없는 교실은 별 탈 없이 운영되고 있다. 가장 큰 문제는 현지 규정상 아이들이 헝가리 학교를 다녀야 한다는 점인데, 아주 어린 아이들에게는 헝가리어가 정말 어려울 것이다. 학교에 적응하는 것 역시 다 추가적인 스트레스일 텐데 걱정이다. 현지 사정상 통학으로 이를 해결할 수도 없고, 그렇다고 아이들을 위한 헝가리어 교육 프로그램도 많이 없다 보니 우리는 그저 어떤 타협이 이루어지기를 바랄 뿐이다. 아이들이 우크라이나 교육 시스템에 남아 편안하게 헝가리어를 배울 수 있도록 말이다. 아이들이 당장 생소한 환경에 내던져지지 않고 편안한 환경에서 헝가리 사회에 적응할 시간을 벌어주는 게 중요하다.

아이들에게 참 힘든 시간일 것 같다. 관련해 입안되고 있는 정책은 없나?

헝가리 교육 시스템에 부담이 될 수천 명의 아이들이 있음에도 불구하고 정치인과 교육부는 이 문제에 관심이 없다. 헝가리 학교 교사들은 언어가 다르고 완전히 다른 환경에서 자란 아이들과 어떻게 소통해야 할지, 더군다나 트라우마를 겪은 아이들을 어떻게 대해야 할지 교육받지 않는다. 이런 것들이 정말 걱정된다. 내가 하는 일로는 터무니없이 부족하다. 엄청난 정책이 필요한데, 아무 일도 일어나고 있지 않다.

©Evgenia Vesnina photo

국경 없는 교실 다음으로는 또 어떤 프로젝트를 진행
했나?

학교를 열자마자 다음 프로젝트를 시작한 것 같은데, 도서관
과의 협력 사업이었다. 기부금으로 우크라이나 아이들을 위
한 어린이 책을 사들이기 시작했다. 사실 나는 어린이 책을 무
척이나 좋아하고 인스타그램에서 어린이 책 관련 블로그를
운영하고 있다. 좋아하는 책 목록을 만들어 우크라이나어로
된 어린이 책을 구하기 시작했다. 많은 팔로워분들이 기부해
주신 덕분에 다양한 책을 살 수 있었고, 아이들에게 기쁨을 안

©Evgenia Vesnina photo

겨줄 수 있었다. 현재 헝가리의 도서관 다섯 곳에서 우크라이
나어 어린이 도서를 만날 수 있다.

지원의 사각지대를 찾아서

식료품 카드 사업도 시작한 것으로 알고 있다. 어떤 계
기가 있었나?

5월쯤 되어서 난민들의 상황이 무척 안 좋다는 것을 알게 됐
다. 헝가리의 난민들이 사실상 제대로 된 보살핌과 지원을 받

©Evgenia Vesnina photo

지 못한다는 사실 말이다. 그들의 삶은 매우 고단했다. 일단
복지비를 거의 지원받지 못했고, 인도적 지원도 날이 갈수록
적어졌다. 사람들이 말 그대로 굶고 있었다. 전쟁 초에는 기차
역 근처 텐트에 찾아가 쌀이나 기저귀 등을 받을 수 있었지만
지금은 그 텐트가 문을 닫았고 운영되지 않는다. 서비스 자체
가 종료되어 이유식, 기저귀, 생리대, 약 등을 더 이상 제공받
을 수 없게 된 것이다. 어찌어찌 복지비를 받게 되어도 터무니
없이 적은 금액이었다. 성인에게 50유로(6만 8600원), 아이
에게 30유로(4만 1100원)가 지급되는데 생활이 불가능한 돈
이다. 그러다 보니 식료품 카드 사업을 시작하게 됐다.

'훈헬프Hunhelp'는 어떤 프로그램인가? 소개해 달라.

훈헬프라는 플랫폼에 난민들이 도움을 요청하면 자원봉사자들과 나는 식료품 카드(상품권)를 구입해 우편으로 보낸다. 사람들에게 음식을 제공할 수 있는 가장 빠른 방법이자 그들에게 음식의 선택권을 주는 방법이기도 하다. 그들에게 익숙하고 그들이 좋아하는 음식을 고를 수 있다. 익숙한 음식이 주는 아늑함과 선택권은 자신에 대한 통제력을 유지할 수 있게 한다. 정말 중요한 프로그램이다. 이 역시 계속 이 일을 이어갈 수 있도록 많은 분들께서 기부해 주셨기에 가능한 일이다. 사실 이는 부다페스트를 겨냥한 사업이 아니다. 부다페스트는 아무래도 대도시이다 보니 난민들이 어떻게든 도움을 받을 수 있는 경로가 존재할 거다. 다만 헝가리 지방 지역에 있는 수천 명의 우크라이나인은 아무런 지원도 받지 못하고 있다. 그들이 걱정되어 시작하게 됐다.

헝가리 정부나 국제기구가 보지 못하는 구호의 사각지대는 어디인가?

현재 열 명의 자원봉사자가 나와 함께 일하고 있고 우리에게 온 우리에게 온 도움 요청은 1000건이 넘는다. 이게 바로 사

아나스타샤의 구호 활동 ©아나스타샤 추코프스카야

회 시스템의 사각지대다. 난민들에게 필요한 식료품과 생필품을 파악하는 데 천재적인 두뇌는 필요치 않다. 파악하고자하면 누구라도 할 수 있는 일이다. 하지만 지원은 여전히 터무니없이 적거나 부재하다. 헝가리 교회들이 자체적으로 도우려고 하지만 미미한 수준이다. 도움이 필요한 사람들은 수천명인데 교회들은 약 200가구 정도만 지원하고 있다. 이래선안 된다. 난민 구호를 위해 막대한 예산이 배정되고 있다고 해서 이것이 실질적인 도움으로 이어지는 것은 아니다. 그 예산이 대체 어디 있는지 나는 알 수 없지만 내 눈앞에는 지금 굶고 있는 사람들, 매우 혹독한 상황에 처한 사람들이 있다.

언어도 다르고 문화도 달라 도움을 청하고 싶어도 청하지 못하는 경우 역시 존재할 것 같다.

실제로 그렇다. 도움을 받지 못하는 사람들의 대다수가 어떤 문제를 누구에게 문의하며 어느 기관에 도움을 요청해야 하는지에 관한 아무런 정보를 가지고 있지 않다. 실질적이고 유용한 정보는 텔레그램이나 바이버Viber같은 비공식적인 채널에서만 접할 수 있다. 사람들은 서로를 믿고 의지하지만 기관들을 신뢰하진 않는다. 기관들 또한 이들과 헝가리어로 소통하려 하는데 이들은 헝가리어를 할 줄 모른다. 어마어마한 커뮤니케이션 문제가 있는 것이다.

장기 체류하는 난민들은 지금 어디서 지내고 있나? 마땅한 지원이 이뤄지고 있나?

공식 국가 프로그램의 지원을 받고 일종의 보호소에 들어가는 사람이 있는 반면 국가 프로그램에 속하지 못하는 이들도 있다. 헝가리인의 집에 얹혀 들어가는 사람도 있고 공장에 취직해 기숙사에 들어가는 이들도 있다. 이 역시 사각지대다. 그곳에서 난민들의 생활이 어떠한지, 과연 필요한 지원과 도움을 받고 있는지 파악하기 어렵다. 얹혀살게 되면 집을 내어 준

주인과 갑을관계가 형성된다. 우리가 알 수 없는 아주 불행한 이야기들이 탄생하는 공간일 것이다.

게다가 기숙사 역시 문제다. 우리가 파악하기로 그곳에서는 하루에 한두 끼 정도가 지원되고 있으며 대체로 우크라이나인들에게 익숙하지 않고 잘 안 맞는 음식들이다. 특히 아이들이 먹기 힘든 음식이다. 나 역시 헝가리에서 아이들을 키우는 엄마로서 어머니들의 심정이 너무나 이해된다. 아마 나도 먹기 힘들 거다. 식료품 카드로 음식을 전달받은 분들은 "정말 오랜만에 과일, 고기, 채소를 먹었다"고 말한다. 최악의 상황이다.

러시아인, 마음의 벽을 허물다

헝가리 현지인들은 난민에 대해 어떤 반응을 보이나?

난민에 대한 헝가리인들의 반응은 매우 엇갈린다. 수많은 헝가리인이 우리를 돕고 있다. 그러나 대체로 이들은 사회적 명성이 있거나 금전적으로 여유가 있는 사람, 난민 문제를 고민할 겨를이 있는 사람이다. 대부분의 헝가리인은 난민을 경계하고 있다. 그들은 낯선 사람을 좋아하지 않고 이민자를 싫어한다. "난민이 아닌 헝가리인을 도와라. 우리에게도 충분히 많은 문제가 있다"라고 그들은 주장한다. 아주 복잡한 사회 문제가 펼쳐지고 있다.

아무래도 러시아인이라는 점에 주목하게 된다. 우크라 이나 난민을 돕는 러시아인이 많은가?

정말 많은 러시아인이 난민들을 돕고 있다. 러시아어를 할 수 있는 구소련 국가 출신 사람 중에도 난민을 돕는 사람이 많다. 나에게 돈을 보내고 침구와 장난감을 가져다주며 여러모로 지원해 준다. 그런데 이들이 왜 직접 나서지 못하는지 어느 순 간 깨달았다. 해외에 거주하는 많은 러시아인들은 직접 우크 라이나인과 대면하는 것을 두려워한다. 모진 말을 듣지 않을 지, 도움을 거절하진 않을지 말이다. 하지만 내가 있는 곳엔 그런 것이 없다. 온라인상으로는 모두 서로 증오하고 욕하고 모진 말을 내뱉지만, 사실 온라인은 현실의 일그러진 거울이 다. 현실에는 오로지 '도움'이라는 단 하나의 목적밖에 없다.

우크라이나인들과 처음 대면했을 때 그들의 반응은 어 땠나?

나에 대한 우크라이나인들의 반응에 대해서는 유리 두즈[3]의

다큐멘터리에서도 언급한 적이 있는데, 기차역에서 난민을 만났을 때 그들이 내게 어디에서 왔는지 물었다. 나는 부다페스트에 살고 있는데 원래 모스크바 출신이라고 답했다. 그때 공기에 침묵이 흘렀다. 그 침묵이 무엇을 의미하는지 알 수 없었다. 다만 하나 확실한 것은 그 침묵이 아픈 침묵이라는 것이다. 우리가 어떤 상황에 처했는지를 절절하게 깨닫게 하는 침묵이었다. 어떤 러시아인들은 우크라이나에 가서 사람을 죽이고, 어떤 러시아인은 우크라이나인을 돕고 있고. 이게 말이 되는 상황인가? 미쳐버릴 것 같다. 다만 내가 도움을 준 사람들에게서 부정적인 반응을 얻은 적은 없었다.

마음의 벽을 어떻게 허물 수 있었나?

나를 직접 겪고 내가 하는 일을 지켜본 사람들에겐 나에 대한 의문이 없을 것이다. 물론 마음의 벽을 허무는 것은 쉬운 일이 아니다. 내게 원칙적으로 우크라이나어로만 말하는 분들도 계셨다. 이해한다. 나에겐 문제가 되지 않았다. 지난 몇 달을 지나며 우크라이나어를 알아들을 수 있게 되었고 조금씩 대답할 수도 있게 됐다. 나는 우크라이나인들과 그들의 투쟁을 존경한다. 그들의 아픔에 공감하며 부디 모두가 잘 되기를 바란다. 나를 본 분들은 이 마음을 아실 것이라 생각한다.

러시아인이기에 특별히 더 무거운 감정과 책임감을 느끼나?

물론 당연하게도 특별히 더 무거움과 책임감을 느낀다. 내 생각에 모든 정상적인 사람들이 느껴야 하는 감정이다. 사실 이는 정체성에 대한 매우 복잡하고 폭넓은 쟁점인데 이 정체성이 전쟁으로 인해 많은 이들의 마음에서 고장 나버렸다. 반대로 '우크라이나인을 돕는 러시아인'이라고 해서 이를 훈장처럼 여길 생각은 더더욱 없다. 사실 훈헬프 홈페이지에는 나에 대한 정보도 없고 식료품 카드가 어디에서 어떤 돈과 경로로 제공되는지에 대한 정보도 없다. 이는 불필요한 정보다.

이러한 활동을 핑계 삼아 나중에 자신을 세탁하는 사람이 없길 바란다. 나는 그런 류의 '좋은 러시아인'과 같은 편이고 싶지 않다. 이런 전쟁을 벌이는 나라와 같은 편이고 싶지도 않다. 그 누구의 편도 되기 싫고 어느 누구에게도 속하기 싫다. 나는 늘 민족적 개념보다 넓은 사람이었다. 우리 가족은 국제 가족이고 나는 단 한 번도 민족주의의 폐해를 겪은 적이 없다.

지원이 많이 줄어든 것으로 알고 있다. 인터뷰를 보는 독자들이 헝가리의 난민을 도울 수 있는 방법을 소개해 달라.

관심을 보여준 것에 정말 감사한다. 훈헬프 홈페이지Hunhelp. com에는 이 프로그램을 지원하고 우리를 도울 수 있는 모든 방법들이 소개되어 있다. 다른 방법으로 돕고자 한다면 언제 든 소셜 미디어 등을 통해 메시지를 주셔도 좋다. 우리는 언제 나 오픈되어 있다.

훈헬프로 도착한 메시지들

"저와 제 아내, 어린 아들과 장모님은 하르키우에서 피난 왔 습니다. 5월에 장모님이 심장병으로 돌아가셨어요. 아파트를 렌트해서 살고 있는데 아이가 한 살밖에 되지 않아서 아내는 직장을 다닐 수 없어요. 장례식 이후로 집세를 낼 돈이 없어서 우크라이나 은행들에 빚을 많이 졌어요. 도움을 요청드려요."

"제 막내딸 둘은 1년 8개월 된 쌍둥이입니다. 도움이 필요합 니다."

"저는 혼자서 아이를 키우는 엄마입니다. 저희는 아브데예프카Avdiivka(도네츠크Donetsk주의 소도시)에서 왔는데 그곳에서 우리의 삶은 말로 표현하기 힘든 악몽이었습니다. 지금은 부다페스트에 있고 새로운 시작을 해보고자 합니다. 도움이 절실합니다. 도와주시면 정말 감사하겠습니다."

"저는 23살이고 아이는 3살, 혼자서 아이를 키우며 생활을 유지하고 있습니다. 현재 음식을 사거나 유치원에 입혀 보낼 아이 옷을 살 돈이 없습니다. 어떠한 도움을 주셔도 감사하겠습니다. 정말 수고 많으십니다."

"저는 68세 연금생활자입니다. 키이우에서 언니(77세)와 형부(75세), 그들의 딸인 제 조카와 함께 피난 왔습니다. 조카는 저희를 케어하기 위해 전시에도 재택근무를 하며 정말 많이 노력하고 있습니다. 조카는 미혼이고 우리 모두를 돌보는 게 쉽지 않습니다. 우리를 도와주시면 정말 감사하겠습니다."

"저는 미혼모이고 아이를 혼자서 키우는 우크라이나인입니다. 전쟁으로부터 피난 왔습니다. 한 달 동안 러시아군이 점령한 지역에서 전기와 수도 없이 어린 자녀와 숨어서 지냈습니다. 저희 도시가 해방된 이후 저와 친척들의 생명을 지키기 위

Программа Продуктовые Ку...

Доброго дня!
Хочемо щиро вам подякувати за
допомогу!🖤🖤🖤 Хай Вам Бог
завжди допомагає так як Ви
допомагаєте тим, хто цього потребує
🖤

Спасибо большое Вам и
спонсорам за
сертификаты. Это
очень большая помощь
для нас сейчас.
Пусть Господь
заботится о Вас и о тех
людях, которые
принимают участие в
этом проекте. Спасибо
за ваши добрые
сердца.
8:49

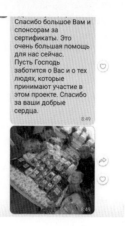

8:49

훈헬프로 도움을 받은 사람들의 감사 메시지들 ⓒ아나스타샤 추코프스카야

해 짐을 챙겨 도망 나왔습니다."

"피난민입니다. 어머니는 돌아가셨습니다. 생활비가 없고 한
살 된 아기를 돌보는 아내는 직장을 다닐 수 없습니다. 제 월
급은 다음 달에나 지급됩니다. 제발 도와주세요."

"저는 61세이고 당뇨병과 고혈압 등 만성 질환을 앓고 있습니
다. 제 나이와 건강 상태로 일자리를 구하는 게 쉽지 않습니
다. 7세와 10세 두 손자와 살고 있습니다. 부디 도와주세요.
미리 감사드립니다."

올레나 발베크(Olena Balbek)는 스포츠 이벤트 매니저로 일하는 키이우 시민이다. 2013년 말 헌혈 기증자를 찾다가 약 50명의 자원봉사자들로 구성된 '블러드 에이전트(Blood Agents)' 프로젝트를 만들었다. 정기적이고 의식적이고 대가 없는 헌혈 문화를 목표로 키이우, 오데사 등 우크라이나 내 4개 도시의 헌혈 센터에서 활동을 이어가고 있다. 전쟁 발발 후, '스톱 블리딩(Stop Bleeding)'이란 서브 프로젝트를 만들어 응급 의약품을 공급하고 있다. 올레나와는 9월 중 서면으로 인터뷰했다.

4 　　　키이우의 올레나 발베크 ;
　　　헌혈은 또 하나의 방어선이다

헌혈, 문화가 되다

본인 소개를 부탁한다.

올레나 발베크다. 스포츠 이벤트 매니저로 일하고 있다. 취미로 마라톤을 즐기는 평범한 키이우 시민이다. 블러드 에이전트라는 단체에서 자선 활동을 하고 있다.

블러드 에이전트는 어떤 단체인가?

블러드 에이전트는 약 50명의 자원봉사자들로 구성된 자선 단체다. 블러드 에이전트 소속 자원봉사자들은 우크라이나의 혈액 센터 네 곳에서 매주 당직을 서며 다양한 헌혈 프로젝트를 진행한다. 자발적이고 대가를 바라지 않는 정기적 헌혈에 대해 널리 알리고 있다.

어떻게 시작하게 됐나?

처음엔 친척을 위해서였다. 2015년, 오흐마데트Okhmatdyt 병원에 혈소판 기증자를 모으면서 시작됐다. 이것이 점점 발전해 '오흐마데트의 수요일'이란 정기적인 프로그램이 됐다. 그때

올레나 발베크 ⓒBlood Agents

만 해도 프로그램이 이렇게까지 확장하고 발전할 줄 몰랐다. 단체가 커지면서 리브랜딩의 필요성을 느꼈고, 2020년 '블러드 에이전트'로 단체의 이름을 바꿨다.

　　주 활동 지역이 궁금하다.

키이우 내 혈액 센터 세 곳과 오데사Odessa에서 헌혈 프로젝트를 진행하고 있다. 키이우에서 하는 세 프로젝트는 지역과 요일을 따 이름을 붙였다. '심장 병원에서의 화요일', '오흐마데트의 수요일', '아모소프Amosov 연구소의 목요일'이다. 오데사

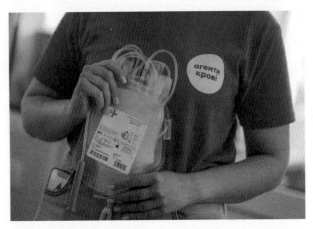

헌혈 준비를 돕는 자원봉사자 ©Blood Agents

의 지역 수혈소에서도 프로젝트를 운영하고 있다.

헌혈 프로젝트에서 블러드 에이전트가 중요시하는 부분이 궁금하다.

헌혈 기증자들과 새로운 방식으로 소통한다. 고통에 처해 있는 사람을 도울 수 있다는 등의 동정에 호소하는 방식은 우리가 추구하는 것이 아니다. 오히려 일상의 영역에서 헌혈을 생각해 볼 수 있게 한다. 함께 살아야 한다는 이타주의와 책임감은 우리 모두가 가지고 있다. 헌혈이 가지고 있는 고정관념을

헌혈을 마치고 지혈 중인 모습 ©Blood Agents

깨고, 최대한 쉽게 헌혈에 접근할 수 있는 문화를 만드는 것이
우리의 목표다.

> 자원봉사자들이 근무하는 키이우, 오데사에 공습이 있
> 었던 것으로 안다. 위험했던 순간은 없었나.

지난 2월 24일 러시아의 침공 이후, 블러드 에이전트의 활동
도 조금은 달라졌다. 키이우, 르비우, 오데사 모두 공격을 당
했다. 실제로 오흐마데트 병원 상공에서 순항 미사일이 격추
되기도 했다. 프로젝트 시작 이래 처음으로 자원봉사자들이

혈액 센터에서 당직 근무를 중단했다. 폭격 초반엔 자원봉사자들을 안전한 곳으로 재배치하는 것이 우선이었다.

7년 만에 프로젝트가 멈춘 건가.

어려운 상황 속에서 할 수 있는 일을 찾았다. 오흐마데트, 아모소프 혈액 연구소, 국립암연구소, 국립심장연구소, 키이우 페오파니아 병원, 베를린스키 거리 혈액 센터, 자파로자 거리 혈액 센터, 군사 병원, 이렇게 8개의 혈액 센터의 헌혈 수요와 관련한 소통을 담당하게 됐다.

진행하던 프로젝트는 어떻게 됐나.

5월부터 다행히 키이우의 국립심장병원, 아모소프 연구소, 오흐마데트와 오데사 지역 수혈소의 당직을 재개할 수 있었다. 러시아와 벨라루스Belarus로부터의 미사일 위협은 여전히 남아 있지만 아직까지 잘 해내고 있는 것 같다. 우리는 시대가 던지는 상황과 도전 속에서 일하는 방법을 터득하고 있다.

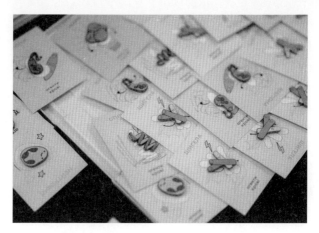

헌혈자들이 받는 혈액 세포 브로치 ⓒBlood Agents

혈액 기증이 더 중요해졌을 것 같다.

그렇다. 전쟁 초반, 우크라이나 의료는 큰 어려움을 겪었다.
러시아가 우크라이나 민간 도시에 미사일 수천 발을 발사했
다. 우크라이나 내 100개 이상의 병원이 파괴됐고, 파편으로
수백 명의 사람들이 다치고 사망했다. 현재도 우크라이나 아
홉개 지역에 폭격이 계속되고 있다. 전선 밖에 위치한 대도시
는 미사일 공격이 줄었지만, 전선 인접 지역의 소도시 주민들
은 아직도 공습으로 인해 다치고 사망하는 위기 상황이다. 혈
액 기증이 더 중요해지는 시점이다.

우리의 후방 지원은 멈추지 않는다

혈액 공급 상황은 어떤가.

믿기 어렵겠지만, 전쟁 첫날 수많은 사람들이 헌혈을 하기 위해 줄을 섰다. 전쟁을 피해 이동한 도시에서 헌혈을 하는 사람들도 있었다. 전쟁 시작 200일이 지났음에도, 혈액 센터 그 어느 곳도 혈액이 부족한 상황에 놓이지 않았다. 하루 당직을 서는 동안, 70명의 기증자가 헌혈을 했다. 덕분에 센터도 중단 없이 작동하고 있다.

정기적인 헌혈이 블러드 에이전트의 목표인데, 현재 가능한 상황인지도 궁금하다.

의지만 있다면 전시에도 정기적 헌혈은 가능하다. 현재는 혈액 기증자 수도 안정되어 심각한 혈액 부족 상황은 아니다. 기증자의 의지와 별개로 도시에 가해지는 폭격 등 헌혈을 어렵게 하는 물리적인 요인들이 존재한다. 공습이 있을 때 기증자들은 대피소로 이동시키는 등 안정적인 환경을 만들기 위해 노력하고 있다.

헌혈자들의 모습 ©Blood Agents

전쟁 상황에서 헌혈이 힘들지 않을까 걱정했는데.

이상하게 들릴 테지만, 전쟁 중에 혈액 기증자를 구하는 게 오히려 쉬워졌다. 물론 많은 사람들이 고향을 떠나 전쟁터로 향했기 때문에 전체적으로는 헌혈이 가능한 사람 수가 줄었다. 그만큼 남은 이들의 책임이 커졌다. 어느 날은 헌혈 지원자가 많아서 접수를 강제로 종료하기도 할 정도였다. 많은 사람들이 지금 상황에 대해 책임감을 느끼고 헌혈에 나선 덕분이다.

우크라이나 전반에 혈액 기증자가 얼마나 늘었는지 궁금하다.

보통 헌혈률은 '환자 혈액 관리PBM·Patient Blood Management'라는

개념을 통해 인구 1000명 당 적혈구제제 공급량으로 산출한
다. 다만 혈액 기증자 수를 계산하기 위해선 정부 모니터링을
포함해 많은 시간과 노력이 필요하기 때문에 통계적으로 확
인하기엔 어려움이 있다. 그렇지만 우리가 아는 한 가지는, 혈
액이 필요할 때마다 사람들이 그 수요를 채워 준다는 점이다.
그것도 예전보다 훨씬 신속하고 적극적으로 말이다.

**전쟁 중에도 헌혈을 하러 온 사람들은 어떤 말을 전해
주나.**

나는 이제 당직을 서지 않지만, 헌혈 센터를 종종 방문한다.
혈액 기증자들은 지금의 전쟁 상황에서 힘을 보탤 수 있는 기
회라고 여기고 감사한 마음으로 헌혈에 임하고 있다. 그저 각
자의 자리에서 나라를 지키는 것이라 말한다. 우리 모두 무기
를 들고 군대에 합류할 수는 없지만, 헌혈로써 후방 지원을 할
수 있다.

프로젝트의 자원봉사 인력은 충분한가?

전쟁이 시작되고, 많은 자원봉사자들이 해외로 떠났다. 또 어
떤 이들은 무력감에 빠지거나 번아웃이 오기도 했다. 인정하

블러드 에이전트의 자원봉사자들 ©Blood Agents

기 싫지만 자원봉사는 영원히 할 수 있는 게 아니다. 본인이
감당할 수 없는 상황이 닥치기 전까지만 가능한 일이다. 하지
만 빠져나간 인력이 새로운 사람들로 채워지기도 한다.

안정적으로 자원봉사 단체를 운영하려면 인원의 지속
적 충원이 필요할 터다. 인력 충원에 특별히 노력하는
부분이 있나?

마케팅에는 '고객 생애 가치Customer Lifespan'라는 개념이 있다.
고객이 제공할 것으로 추정되는 공헌도의 합계를 말한다. 자원봉사자의 생애 가치는 봉사자 개개인이 짊어지는 의무와 반비례하여 평가하는 게 맞다고 생각한다. 다시 말해, 개개인에게 지워지는 의무가 늘면 늘수록 기여할 수 있는 에너지가 줄어든다는 뜻이다. 따라서 단체의 안정성을 확보하고 지속 가능하게 운영하려면 젠가 게임처럼 의무를 분산해야 한다. 블록 하나가 빠지더라도 무너지지 않게 말이다.

국제적인 헌혈 네트워크를 향해

전시 상황에서 블러드 에이전트가 더욱 집중하는 부분은 무엇인가.

사실 전시 상황에서는 사람들에게 헌혈의 필요성에 대해 설득할 필요가 없다. 국민들은 우크라이나를 지원하는 일에 함께하고 싶어하고, 헌혈은 그중 하나기 때문이다. 전쟁이 발발한 뒤부터는 우크라이나 군대를 위해 지혈제 등 전술 의료 장비를 확보하는 일에 주력하고 있다.

헌혈만큼이나 지혈 역시 중요한 과제겠다. 전술 의료 장비는 주로 어떤 것을 의미하는가?

피를 막는 지혈제부터 기도를 확보하는 튜브 등 다양한 종류가 있다. 토니켓tourniquet이라고도 부르는 지혈대, 특수 붕대, 창상피복재 등이다. 창상피복재는 상처에 붙여 오염을 방지하고 체액 손실을 막는 의약품이다. 쉽게 말하면 습윤밴드(드레싱)다. 이런 의약품은 중요한 만큼 값이 나간다. 이러한 응급 처치 의료 도구를 지원하기 위해 '스톱 블리딩Stop Bleeding'이란 서브 프로젝트를 만들었다.

국내에서 구하는 게 쉽지 않았을 것 같다.

언급한 의료 도구는 우크라이나와 주변 유럽 국가에서는 거의 구할 수가 없다. 미국이나 거리가 먼 유럽 국가와 교류를 해야 했다. 전쟁 때문에 물류·배송에 있어 꽤 어려움을 겪었다. 그래도 스톱 블리딩 프로젝트 덕분에 우크라이나 군대와 의료진에게 다양한 의약품을 전달할 수 있었다.

- 토니켓 – 1994개
- 창상피복재 – 1472개

- 지혈제 – 1043개
- 이스라엘산 특수 붕대 – 1828개
- 구급상자 – 24개
- 비인두기도기[4] – 79개
- 반창고, 가위 등 다양한 의료 도구 – 287개

전쟁이 길어지고 소강과 격화를 반복하고 있다. 금전적
인 지원은 전쟁 초와 비교해 어떤 상황인지 궁금하다.

당연하겠지만, 작년과 비교하면 우크라이나인들의 수입이 적
어졌다. 또 대부분의 지원이 가장 먼저 우크라이나 군대에 닿
기 때문에 우리를 포함한 민간 자원봉사 단체는 금전적인 어
려움을 겪고 있다. 그럼에도 불구하고 우리는 모금 등 다양한
경로를 통해 자금을 조달하고 있다. 전술 의료 도구들을 구매
할 예산을 마련하고 있기도 하다. 사실 지원은 늘 충분하지 않
다. 혈액 기증자 외에 후원자들도 구하고 있는 상황이다.

헌혈 네트워크를 우크라이나 전 지역으로 넓히는 것이
목표라고 들었다.

전쟁으로 인해 이런 계획은 무기한 연기됐다. 하지만 여전히

블러드 에이전트의 자원봉사자들 ©Blood Agents

이를 위해 노력하고 있다. 가장 시급한 문제는 눈앞에 있는 전쟁이다. 지금의 과제를 먼저 해결한 후에 우크라이나를 넘어 국제적으로 헌혈 네트워크의 확장을 이어갈 것이다.

국제적인 헌혈 네트워크 형성을 위해 어떤 접근법을 취하는 것이 좋을까?

헌혈은 어느 나라에서든 중요한 문제다. 헌혈을 일상적으로 생각해 보면 좋겠다. 함께라면 언제나 더 많은 일을 할 수 있다.

드미트로 주브코프(Dmytro Zubkov)와 아르춈 스코로호드코(Artem Skorokhodko)는 키이우의 브랜드 액티베이터로, 직장 동료이자 오랜 친구다. 몬스터에너지(Monster Energy Inc.)의 마케팅부에서 일한다. 이들은 러시아의 우크라이나 침공 이후 드미트로의 사이드 프로젝트인 피자 가게에서 노인, 병원 직원, 군인들을 위해 음식을 만들고 배달해 왔다. 봉사 활동을 넓혀 가는 와중에 도착한 체르니히우의 루카시브카 마을에서 아이들을 위해 '비하인드 블루 아이즈(Behind Blue Eyes)'라는 새로운 프로젝트를 기획했다. 전쟁으로 폐허가 된 도시 속에서 아이들의 눈으로 바라본 희망을 카메라에 담는다. 드미트로, 아르춈과는 9월 20일에 화상으로 인터뷰했다.

드미트로와 아르촘 ;
푸른 눈 뒤에 펼쳐진 세상

전쟁 지역의 아이들

각자 본인 소개를 부탁한다.

 아르춈 아르춈 스코로호드코다. 인터뷰까지 오랜 시간이 걸려 미안하게 생각한다. 근간에 현지 사정으로 매우 바빠 연락이 원활하지 못했다. 드미트로와 둘이 함께 '비하인드 블루 아이즈'라는 프로젝트를 창립했고 여기에서 자원봉사단을 꾸려 나가고 있다.

드미트로 드미트로 주브코프. 몬스터에너지 우크라이나 지사의 마케팅부에서 브랜드 액티베이터로 일하고 있다. 쉽게 말해 마케터다. 러시아의 침공으로 전쟁이 시작된 이후 우리는 여러 가지 자원봉사를 함께 하기 시작했다. 지금 하고 있는 비하인드 블루 아이즈는 체르니히우의 루카시브카에서 진행하고 있지만 원래 우리는 키이우에 살고 있다. 도시는 여러 종류의 도움을 필요로 하고 있었고, 우리 역시 민간 자원봉사자들과 함께 다양한 자원봉사를 해 왔다.

두 사람의 연은 어떻게 시작됐는지 궁금하다.

아르촘 드미트로와 나는 수년간 같이 일해 온 직장 동료다. 나와 달리 지마(드미트로의 애칭)는 회사에서 업무 스케줄이 좀 더 자유로운 편이라 회사 일 외에 다양한 사이드 프로젝트를 풀타임, 혹은 파트타임으로 해 왔다. 그는 페스티벌 등 다양한 프로젝트에 나를 불러줬는데 서로 닮은 구석이 많아 친해지게 됐다.

키이우에서 체르니히우로는 어떻게 옮겨가게 됐나.

드미트로 전쟁 양상에 따라 그렇게 됐다. 처음엔 키이우가 해방됐고 두 번째로 해방된 곳이 키이우 동북쪽의 체르니히우다. 그곳에 위치한 세 개의 마을에서 1000여 명의 주민들을 돕게 됐다. 키이우 밖으로 처음 나간 자원봉사였다. 가장 큰 마을인 야히드네를 시작으로 슬로보다, 루카시브카 순서로 매주 정기적으로 방문하며 사람들을 도왔다.

당시에는 어떤 봉사 활동을 진행했나?

드미트로 사이드 프로젝트의 하나로 키이우에 '스테이션 피자Station Pizza'라는 피자 가게를 하나 운영하고 있었는데, 이 건물의 지하가 꽤 넓다. 피자 가게라 전문 요리사는 없긴 하지만 이 장소를 좀 살려보고 싶어 직접 음식을 만들고 필요한 사람들에게 배달했다. 키이우에서의 봉사 활동도 대부분 음식에 관한 것이었고 주로 노인들, 병원 직원분들 그리고 군인들을 위해서 요리했다. 처음엔 이러한 조리 및 배달이 우리의 주요 활동이었는데, 사람들에게 물어보니 정작 생필품이나 의약품, 수리에 필요한 공구 등을 더 필요로 하더라. 전해 주는 품목이 하나둘 늘었다. 그러다 보니 어느덧 피자 가게 지하가 자원봉사 본부처럼 변하게 됐다.

지금 하고 있는 비하인드 블루 아이즈 프로젝트에 대한 소개를 부탁한다.

아르촘 아이들의 눈에 담긴 우크라이나 마을의 모습을 필름 사진으로 만나볼 수 있는 프로젝트다. 전쟁이 휩쓸고 간 지역의 아이들에게 일회용 필름 카메라가 담긴 가방을 주면 아이들은 자신의 삶을 기록하고 도시의 모습을 담는다. 아이들이 찍은 사진은 인화를 거쳐 비하인드 블루 아이즈 인스타그램에 공개된다. 이 사진들로 전시회를 열기도 했다. 후원자들의 기금은 아이들의 위시리스트에 담긴 선물을 구입하기 위해

Valya의 사진 ⓒBehind Blue Eyes

사용된다. 아이들은 사진으로 창작 활동을 하며 전쟁에 대해
자신의 목소리를 낼 수 있다.

앞선 봉사 활동과는 결이 꽤 다르다. 비하인드 블루 아
이즈는 어떻게 시작하게 됐나?

아르촘 계획적으로 만든 프로젝트는 아니다. 봉사 활동차 체
르니히우를 5~6주 동안 매주 방문하다 보니 오며 가며 동네
아이들과 친해지게 됐다. 6주쯤 지났을 때였을까. 한 번은 음
식이나 구호품이 아니라 아이들을 위한 특별한 선물을 가져

©Behind Blue Eyes

가 보면 어떨까 하는 생각이 들었다. 장난감이나 아이들이 입을 만한 옷, 장난감 칼, 스노우볼 등을 가져갔는데 그 중 일회용 필름 카메라도 있었다.

드미트로 딱히 이 프로젝트 때문에 사들인 건 아니다. 이미 우리가 하고 있는 마케팅 사업에 사용할 목적으로 일회용 카메라를 여러 대 보유하고 있었는데, 평시에 판매하려고 구입해뒀던 터였다. 아이들에게 이것저것 나눠주다 보니 아이들이 선호에 따라 선물을 가져갔는데, 사실 카메라는 작동 방법을 잘 모르면 손이 가지 않을 것이다. 그래서 어떻게 사용하는 것인지 아이들에게 설명을 해주고 일주일 후에 돌아올 테니 그때까지 카메라로 사진을 찍어두면 나중에 인상해 오겠다고 약속했다.

렌즈 너머의 순수

아이들은 어떤 것을 카메라에 담았나.

드미트로 아이들은 비극을 담지 않았다. 불과 얼마 전에 해방된 마을이고, 사람들 역시 해방된 지 얼마 되지 않았고, 전투 및 점령 과정에서 모두가 엄청난 트라우마를 겪었을 텐데, 아이들은 이를 다른 감정으로, 다른 피사체로, 다른 시각으로 담아내는 것 같았다. 전쟁의 틈바귀에서도 피어난 꽃을, 평온한 일상을, 서로의 웃는 얼굴을 담아냈다. 물론 전쟁 상황이기 때문에 파괴된 건물이나 무너져 내린 잔해가 담긴 사진도 많다. 하지만 이마저 마냥 비극적인 광경으로 비치지 않았다.

사진에서 느껴지는 아이들의 감정은 어땠나?

드미트로 이 프로젝트에 대해 처음 들으면 아마 우리와 비슷한 감정을 느꼈을 것이다. 걱정과 우려, 안쓰러움 같은 것 말

Valya의 사진 ⓒBehind Blue Eyes

이다. 그러나 아이들의 존재가 긍정적인 감정들을 우리에게 다시 불러일으키는 것 같았다. 사진 속에서 아이들의 순수하고 맑은 감정이 느껴졌다.

아르촘 전쟁이란 게 참 무섭고 불편한 상황이었을 텐데 이 무거움 속에서도 아이들은 아직까지 가벼움을, 그리고 따스한 마음을 유지하고 있다. 아이들은 어떠한 상황 속에서라도 밝은 눈으로 밝은 감정으로 이 세상을 바라볼 수 있는 존재라는 점을 느낄 수 있었다. 이런 희망찬 감정을 다른 지역의 많은 사람들에게도 전달해 주고 싶었다. 가장 잘 전달할 수 있는 방법이 카메라의 사진에 담는 것이 아니었나 싶다.

아이들은 위시리스트에 주로 무얼 갖고 싶다고 적었나?

아르촘 사실 아이들한테 그냥 "너희 뭐가 갖고 싶니?"라고 물어보면 아마 우리가 이뤄줄 수 없는 꿈을 말할 것이다. 우주에 가고 싶다거나 람보르기니를 타고 싶다거나 일론 머스크Elon Musk를 만나고 싶다는 식의 이야기들 말이다. 그래서 우리는 약간의 꾀를 냈다. 아이들에게 생일이 언제인지, 갖고 싶은 생일 선물은 무엇인지 등을 물어봤다. 생일이 지난 많은 아이들은 대부분 전쟁 중에 생일을 맞이했기 때문에 당연히 생일 선물을 받지 못한 상황이었다. 전쟁이 2월부터 이어지고 있으니 무리도 아니다. 아이들을 대상으로 받고 싶은 선물에 대한 설문 조사를 진행했는데 가장 많은 아이들이 적어 낸 1순위가 스마트폰이었다. 당시 아홉 명 정도가 적어 냈는데 지금까지 총 여섯 개의 스마트폰을 선물했다.

드미트로 신기하게도 2순위는 자전거였다. 지금까지 다섯 대의 자전거를 구매해 아이들에게 전달했다. 원래 우리 예상으로는 아이들이 아이패드나 데스크탑, 노트북 등을 원할 것으로 생각했는데 루카시브카의 아이들은 단 한 명도 이런 것들을 원하지 않았다. 시골 아이들이라 컴퓨터 보다는 자유롭게 뛰노는 것에 대한 그리움이 더 컸던 게 아닌가 생각한다. 또 한 가지 신기했던 건 아이들이 적어 내는 아이템의 개수와 규모인데, 어떤 아이는 일곱 개의 아이템을 위시리스트에 적기도 하고 어떤 아이들은 서너 개, 어떤 아이들은 단 한 개만 적기도 한다. 그런데 여러 아이템을 적어내는 아이들은 각 물품이 좀 작은 규모고 저렴한 것들이다. 비싼 것 한 개를 적으면 다른 것들은 저렴한 것으로 채워 넣더라. 그래서 얼추 모든 위시리스트의 비용이 비슷하게 맞춰졌다.

프로젝트에 참여한 아이 중 가장 기억에 남는 아이가 있나?

아르춈 마샤라는 한 아이가 가장 기억에 남는다. 위시리스트에 무려 친칠라를 갖고 싶다고 썼다. 우리가 받은 위시리스트 중에서 유일하게 물건이 아닌 동물을 원했던 친구였다. 우리가 마샤의 위시리스트를 공개했을 때 정말 많은 사람들이 참여를 원했다. 우리 프로젝트에 참여를 원하는 분들은 아이들의 위시리스트를 보고 그 물건을 직접 구매해 우리에게 전달해주시거나 우리가 직접 살 수 있게 금전적 지원을 해 주시는데, 친칠라를 구해주겠다는 분만 40분이 넘었다. 그래서 일종의 장기자랑 대회 같은 것을 열어 한 분을 선정했고 그 분이 대표로 선물해 주셨다.

드미트로 한 아이는 위시리스트에 자신의 것만을 적지 않았다. 자신의 남동생을 위해서도 자동차 장난감을 사 달라고 적었다. 가족들까지 챙기는 모습에 크게 감동받았다. 또 어떤 아이는 쌍둥이 형제가 있는데 우리가 방문했던 날 마침 쌍둥이 형이 마을에 없었다. 부모님을 따라 도시로 나갔다고 했다. 그래서 자신의 것뿐만 아니라 쌍둥이 형을 위해서 위시리스트를 적어줬는데, 자신의 것으로는 자전거 하나 만을 적고, 형을 위해서는 장난감 여러 개를 적었다. 왜 하나만 적었냐고 물어보니, 자신이 하나만 적어야 다른 아이들도 위시리스트에 적은 것을 받을 수 있을 것이라고 말해줬다. 이런 부분들이 너무 귀엽고 대견했다. 이기적으로 행동하기 쉬운 전쟁 상황 속에서도 서로서로 생각해 준다는 것이 신기하기도 했다.

<u>아이들이 너무 기특하다. 전시회는 성공적이었나.</u>

아르촘 이틀 동안 진행됐던 전시에 약 1000여 명이 방문했다. 기간을 더 길게 할 수 있었지만 이것을 어떤 특별한 단번의 이벤트로 끝내고 싶지 않아 짧게만 진행했다. 앞으로 우리는

(좌)Sasha의 사진 (우)Tanya의 사진 ⓒBehind Blue Eyes

러시아군으로부터 해방된 모든 지역에서 이 프로젝트를 진행
하려고 한다. 해방되지 않았더라도 전선에 인접한 지역들에
사는 아이들이 어떻게 살아가고 있는지 조명하고 싶다. 아이
들은 미래의 눈이다. 장기적으로는 이들의 눈으로 본 전쟁을
처음부터 끝까지 카메라에 담아내고 싶다.

아이들이 꿈을 포기하지 않도록

전쟁은 모두에게 가혹하지만 역시나 자라날 아이들에
대한 우려가 가장 크다. 이 프로젝트를 통해 아이들에
게 어떤 메시지를 주고 싶었나.

드미트로 우리는 사진을 통해서 아이들과 꿈에 대한 이야기
를 나누고 싶었다. 논의 단계를 지나 우리가 실제로 이 프로젝

트를 발전시키며 점차적으로 두 가지 의미를 부여하게 됐다. 첫째로는 이런 암울한 전쟁 속에서도 절대 꿈을 잊으면 안 된다는 점이다. 어두운 상황 속에서도 기적은 일어날 수 있고 꿈은 이뤄질 수 있다는 것을 아이들에게 보여주고 싶었다. 필름 사진을 통한 창작 활동으로 창의력을 자극해 아이들에게 꿈이나 목표를 만들어 주고 어떤 상황에서도 그것을 지켜낼 수 있는 힘을 길러주고 싶었다.

아르촘 둘째로는 우리가 이 비하인드 블루 아이즈를 대도시가 아닌 시골이나 지방에서만 하고 있지 않나. 사실 전쟁 전에도 이런 지방에서는 스스로 창작 활동을 발전시켜 나가는 것이 쉽지 않다. 경제적으로 매우 여유가 있는 사람이나 즐길 수 있는 것이었다. 그래서 아이들에게 예술에 대한 접근성의 벽을 허물어 주고 싶었다. 어릴 때부터 당연히 즐길 수 있고, 단지 여가 활동에 그치는 것이 아니라 각자의 목표가 될 수 있고, 일상 생활이 되고, 직업이 될 수 있다는 인식을 심어주고 싶었다. 어찌보면 그냥 오락적인 목적에서 일회용 카메라가 담긴 가방을 주고 마음껏 찍어 보라는 것처럼 보일 수 있지만, 아이들에게 분명히 말한다. 이건 단순히 게임이나 놀이가 아니라 너희들이 창작 활동을 하는 것이고, 그에 대해 우리가 정당한 대가나 사례비를 지급하는 것이라고. 너희의 위시리스트는 인도적 지원 차원에서 하는 것이 아니라 이렇게 좋은 작업을 했고 전시물을 만들어주었기 때문에 정당한 보상을 얻는 것이라 말한다.

드미트로 우리가 이 이니셔티브를 시작했을 때 아이들에게 가장 강조한 것은 너희들 스스로를 절대 모종의 피해자라고 생각지 말라는 것이었다. 오히려 너희들은 이 전쟁을 기록해주는 역할이라는 걸 주지시켰다. 아이들에게만 그렇게 말한 게 아니라 우리도 실제로 그렇게 생각한다.

전쟁 중이지만 창작 활동에 꿈을 키우는 아이들도 생길 수 있겠다.

드미트로 그렇다. 아이들은 전쟁을 극복하고 성장하며 나중에 다양한 인생을 살아갈 거다. 그중에는 분명 어떤 종류의 창작 활동을 하는 친구도 생길 거다. 예술적으로도 무척 발전해 있을 것이다. 아이들이 진로를 정함에 있어 예술이나 창작 활동이 정말 내가 돈을 벌 수 있는 수단이자 사람들에게 도움을 줄 수 있고, 어떤 사람의 힘이 될 수 있다고 믿는다면 보람찰 것 같다.

비하인드 블루 아이즈를 돕기 위해서는 어떤 방법이 있겠나.

아르촘 두 가지 방법이 있다. 하나는 우리의 소식이나 언론 보도들 혹은 인스타그램 게시물을 공유하는 것이다. 우리 소셜 미디어를 팔로우하고 우리의 이야기를 널리 퍼뜨려 달라. 한국에 이 인터뷰가 공개되면 정말 뜻깊겠다. 두 번째는 후원의 방법이다. 아이들의 위시리스트에 해당하는 물건들을 선물할 수 있던 것은 많은 분들의 지원이 있기에 가능했다. 이미 한 지역에서 아이들을 위한 도네이션을 진행해 선물을 완료했고, 다음 지역의 프로젝트 진행을 위해서 어느 정도의 후원 금액이 남아 있는 상태다. 감사하게도 금전적 후원을 해 준다면 다른 지역을 방문하여 이 프로젝트를 계속하며 아이들의 꿈을 이루어 주고 더 많은 아이들을 돕겠다.

에필로그는 《전쟁을 짊어진 사람들》을 함께 기획하고 통역, 번역을 담당한 번역가 정소은의 이야기를 담았다. 그는 인터뷰이의 섭외와 소통을 포함해 많은 부분을 전담해 주었다. 그는 가족과 함께 러시아에 거주하며 우크라이나의 전쟁 상황을 가까이서 보고 듣고 옮겼다. 그 과정에서 러시아의 동원령으로 인해 가족들과 헤어지며 러시아를 떠나야 하기도 했다. 그는 번역 이외에도 다른 자원봉사자들과 긴밀히 소통하며 전쟁 시작부터 지금까지 봉사 활동을 위한 모금 활동을 이어 오고 있다.

에필로그

이름 모를 누군가가
될 수 있기를

수년간 러시아와 인연을 이어 왔다. 통·번역을 중심으로 러시아와 관련된 일을 직업 삼아 지냈다. 지난 2월 24일 러시아의 우크라이나 침공 이후 많은 게 바뀌었다. 지난 8개월 동안은 우크라이나를 위한 자원봉사에 힘을 쏟았다.

전쟁이 시작된 직후에도 그랬지만 러시아 내 동원령이 선포되며 부분 징집이 발표된 9월 21일부터 몇 주 동안은 러시아 내 분위기가 정말 불안했다. 이미 전쟁 초였던 2월 말 계엄령이 내려질지도 모른다는 소문이 돌았고, 하루가 다르게 이어지는 '산책'에서 붙잡힌 사람들이 폭행과 고문을 당한다는 소식이 들려왔다.

산책은 참 교묘한 표현이다. 러시아에서 공식적으로 허가를 받지 않은 시위를 일컫는 은어다. 내 지인 몇 명 또한 산책에 가담했다가 경찰에 끌려갔다. 그들이 풀려날 때까지 밤새 불안해했던 기억이 난다. 한 친구는 붙잡혀 가 15시간 동안 연락이 되지 않았다. 다음날 아침 풀려났는데, 해맑게 웃으면서 "그곳에서 휴대폰을 빼앗겨서 연락할 수 없었고, 물 한 모금조차 마시지 못 했다"고 했다. 그래도 다른 경찰서에 비해서 운이 좋았다며 "두들겨 맞지 않은 게 어디야"라고 한다. 결국 그 친구는 지난 4월 러시아를 떠났다.

올해 3월 초에는 대학 동창이 공포에 질린 목소리로 전화를 걸어 왔다. 인권 보호 관련 NGO에 근무하던 그녀의 사무실 문에 누군가 오물을 뒤집어씌웠다는 전언이었다. 그리고는 얼마 후 경찰들이 들이닥쳐 사무실을 난장판으로 만들고 모든 기기를 빼앗아 갔다고 했다. 친구의 직장은 바로 얼마 전인 10월 7일 노벨평화상을 공동 수상한 러시아의 인권 단체 '메모리알Memorial'이다. 소련의 정치적 억압에 대해 연구하는 단체로, 1989년에 창설된 이후 모스크바에 본부를 두고 옛 소련 지역을 포함한 여러 유럽 국가에 위치해 있다. 러시아를 대표하는 가장 오래된 인권 단체이기도 하다. 3월의 살벌한 분위기에도 불구하고 다행히 그녀는 현재까지 무사하다.

전쟁 초 여느 때보다 자주 친구들과 지인들을 만났다. 매주 해외로 떠난다는 소식을 듣고 작별 인사를 나눴고, 무거운 현실과 상관없는 시시콜콜한 수다를 떨었다. "숲으로, 들판으로 걸어서 넘을 수 있는 러시아 국경을 찾아보자!"라든가 "우리 이러지 말고 어디 우랄산맥 산골짜기 마을에 가서 감자 농사나 하면서 살래?" 등 웃픈 이야기들이었다. 반전 운동 참여로 직접적으로 신변에 위협을 느껴 떠나는 이들도 있었고, 자신의 가치관을 지키면서는 더 이상 안전과 자유를 보장받을 수 없다고 느껴 떠나는 이도 있었다. 신념을 지키기 위한 최선의 선택이었으리라.

이렇게 떠난 이들이 '러시아 여권 소유자'라는 이유로 어느 누구도 반기지 않는 이방인이 될 수 있음을 잘 알고 있었다. 그럼에도 한두 명씩 내가 아끼는 이들이 떠날 때마다 나는 안도를 느꼈다. 그 당시에는 떠날 수 있는 것 자체가 일종의 특권이라는 걸 알고 있었기 때문이다.

어려운 상황에서도 자신의 나라에서 자리를 지키기로 결정한 사람도 있었다. 반면, 떠나고 싶어도 부모님이나 아이들과 함께 살고 있어 떠나기 어려운 사람도 있고 경제적 여건이 되지 않는 사람도 있었다. 이런 이유 외에도 조국을 떠나는 건 여러모로 쉬운 선택이 아니다. 개인의 신념만큼이나 삶의 문제는 중하기 때문이다. 나 역시 떠날 수 없는 사람 중 하나였다.

전쟁이 시작하고 약 2~3주 간은 마치 얼어붙은 듯했다. 러시아의 당시 상황을 떠올리면 무리도 아니다. 그러다 내가 번쩍 정신이 들게 한 문장이 있다. 한 러시아 기자의 말이었는데 "전쟁 상황에서는 한 사람의 작은 재능이나 노력이라도 꼭 보태어 서로를 도와야 한다"는 내용이었다. 그때부터 눈에 불을 켜고 무엇이라도 도움이 될 수 있는 일을 찾았다. 한국 출판사 이야기장수의 이연실 대표님과 연락이 닿았고 3월 중순 올가 그레벤니크Olga Grebennik 작가의 《전쟁일기: 우크라이나의 눈물》 번역을 맡게 됐다.

올가는 하르키우에 거주하던 그림책 작가다. 아들 표도르와 딸 베라를 지켜내기 위해 전쟁 상황에서 고군분투한 과정을 시작으로 불가리아에서 난민이 되기까지의 내용이 담겼다. 연필 한 자루로 전쟁의 참혹과 절망을 그려낸 절절하고 먹먹한 작품이다. 번역하는 내내 여성으로서, 엄마로서 짊어진 전쟁의 무게에 숙연해졌다.

7월 초엔 《시사IN》에 소개된 두 개의 글을 번역했다. 러시아의 여성 인권 기자 나스차 크라실니코바Nastya Klasinikova의 롱리드 기고문 〈러시아·우크라이나 전쟁도 여자의 얼굴을 하지 않았다〉와 출산 휴가를 보내던 하르키우의 심장내과 전문의 스베틀라나Svetlana씨의 전쟁 일기다. 후자는 〈유모차 밀던 자리에 폭탄이 떨어져도, 그는 매일 일기를 썼다〉라는 제목으로 소개됐다.

나스차 크라실니코바는 러시아의 여성 기자이자 블로거, 그리고 페미니즘 운동가다. 전쟁이 시작된 이후 그는 자신의 텔레그램 채널(t.me/megabitch)을 통해 우크라이나 여성들이 겪고 있는 전쟁의 실황이 담긴 모놀로그를 전하고 있다. 전쟁 전 나스차는 성폭행을 소재로 한 다큐멘터리 시리즈를 제작했고, 여성을 대상으로 한 택시 범죄에 관한 팟캐스트 시리즈를 만들기도 했다. 그리고 지난 10월 9일 러시아의 유명 교육 기관에서의 미성년자 대상 성범죄 관련 팟캐스트를 방송했다. 러시아의 우크라이나 침공 이후 반전 운동을 해온 그는 자신과 가족들을 향한 신변 위협 때문에 3월 초 외국으로 망

명했다. 러시아 독립 언론《메두자Meduza》에 참전 여성, 강간과 낙태, 인신매매 등 전쟁 중 여성들이 겪는 실상들을 전했다.

전쟁 전부터 수년간 여성 인권 보호를 위해 투쟁했지만 그에게 돌아오는 것은 저주와 협박이다. 그는 "우크라이나에서 러시아 군인들이 민간인 대상으로 저지르는 끔찍한 범죄들은 러시아 내부에서 평시 여성과 사회적 약자를 대상으로 가해졌던 범죄로부터 시작된다"고 주장한다. 발언의 진의는 늘 왜곡된다. 러시아인으로부터는 조국 배신자라며, 우크라이나인으로부터는 감히 러시아인이 아는 척, 편 드는 척한다며, 페미니즘을 반대하는 남성들로부터는 지나치게 여성주의적 시각이라며 비난을 받고 있다.

모두에게 박수 받는 일은 없는 법이다. 전시에는 더욱이 그렇다. 자신이 판단하기에 옳고 양심적인 일을 하면서 그에 대한 책임을 온전히 질 각오가 필요하다. 예전부터 존경하고 관심 있게 지켜보던 나스차 기자님이기에 어떻게든 그의 목소리를 조명하고 힘을 실어주고 싶었다.

8월 15일 광복절에는 북저널리즘에서 디지털로 발행한 우크라이나 민간 자원봉사자 세 명의 인터뷰를 통역·번역했다. 이 종이책의 전신이 된 인터뷰다. 우크라이나와 러시아의 실황, 나와 다를 바 없는 평범한 사람들의 희생과 그들의 무너진 일상, 그리고 매일 위험을 무릅쓰고 끊임없이 우크라이나를 돕는 민간 자원봉사자들의 이야기를 한국에 알리는 일이 내가 할 수 있는 최선이자 반전의 목소리를 내는 유일한 방법이었다. 이렇게 무엇이라도 비교적 안전하게 할 수 있는 나를 내 러시아인 친구들은 부러워한다. 나는 이것 또한 나만의 특권이란 걸 잘 알고 있다. 이 특권은 허비되어선 안 된다. 내 능력과 여건 내에서 최대한 발휘되어야 했다. 한순간도 허투루 쓰고 싶지 않아 열심히 글을 옮겼다.

물론 알리는 것만이 전부는 아니다. 전쟁 발발 이후로 꾸준히 이어오고 있는 것 중 하나는 우크라이나와 러시아에서 활동 중인 민간 자원봉사 단체들과 전쟁 난민들을 위한 기부금을 모금하는 일이다. 나와 몇 명의 러시아인 지인들은 전쟁 피해자인 난민 가족, 그리고 민간 자원봉사단에 정기적으로 기부금을 전하고 있다.

다른 나라였다면 보다 쉬웠을 일이지만 러시아에서는 꽤 용기가 필요한 일이다. 현재 러시아에서 어떠한 방법으로라도 우크라이나를 돕는 건 위험하기 때문이다. 위험을 무릅쓰고도 지원을 멈추지 않고 어떻게든 반전의 목소리를 내며 자신의 가치관을 지켜내는 내 러시아인 친구들은 세상에서 가장 멋진 이들이라고 확신한다.

기부금을 전달하는 건 생각보다 복잡한 과정이다. 도움이 필요하지만 구호 단체의 손길이 닿지 않는 경우도 있고 우크라이나 계좌가 막혀 금액 전달이 어려운 경우도 있다. 다행히 몇 명의 아끼는 이들로부터 도움을 받아서 진행하고 있다. 한국에서도 도움을 주신 분들이 있다. 이 자리를 빌려 다시 한번 한국의 A, 그리고 우크라이나의 A에게 고마움을 전한다. 이들의 도움이 없이는 지속하기 어려웠을 터다.

무엇이 나로 하여금 이토록 우크라이나 자원봉사자들에 집착하고 돕게 하는지 의아할 수도 있겠다. 비단 정의로운 마음으로만 임한 것은 아니다. 조심스러운 얘기지만 내가 사랑하는 러시아의 자유와 평화 또한 이 잔인한 전쟁이 끝나야만이 가능하다는 걸 잘 알고 있기 때문이다. 내가 아끼는 이들은 우크라이나와 러시아 곳곳에 있다. 이들의 안전을 간절히 바라고, 어떻게든 도움이 되고자 하는 내 이기적인 마음이 나를 움직이게 했다.

또 하나의 개인적 이유가 있다. 내 정신 건강을 지키기 위해서다. 나는 직접적으로 전쟁을 겪거나 위험 지역에 있지도 않고, 공습으로부터 도망치거나 목숨의 위협을 느끼지도 않는다. 그렇지만 지난 8개월간 비처럼 쏟아져 내리는 끔찍한 뉴스를 끊임없이 접하고, 지인들이 당하는 일들을 지켜보다 보니 어느덧 나 또한 전쟁으로 인한 간접적인 트라우마를 겪고 있다는 걸 알게 됐다. 이 모든 일들은 심신에 가혹했다.

4월 초 부차Bucha와 키이우의 민간인 학살이 보도되었을 때를 기억한다. 고통스러웠지만 뉴스의 모든 장면에서 눈을 뗄 수 없었다. 나스챠 크라실니코바 기자의 텔레그램 채널에 우크라이나 여성들이 겪고 있는 전쟁 실황에 대한 포스팅이 올라올 때 역시 한 문장 한 문장, 사진 한 장 한 장에서 눈을 뗄 수 없었다. 말로 담을 수 없는 이야기들을 찬찬히 읽어내려가고 자세히 들여다보았다.

아무것도 하지 않고는 정신적으로 견디기 버거웠다. 이 모든 자원봉사자들의 이야기에 관여하고 나를 통해 퍼져 나갈 수 있도록 노력한 이유다. 다만 그들의 이야기를 단순히 감정적으로 접근하지 않고 일종의 업무로 만들고자 노력했다. 내 정신 건강을 위한 나름의 방어 기제다. 그럼에도 자원봉사 끝에는 작게나마 마음의 치유가 찾아왔다. 자원봉사가 가진 힘이라고 생각한다.

우크라이나인들을 위한 내 노력은 나에 대한 일종의 다그침이기도 하다. 전쟁으로 인해 우크라이나인들이 겪는 고통을 인지하고 가장 큰 희생자 또한 우크라이나인들이란 걸 나 자신에게 꾸준히 상기시킬 필요가 있기 때문이다. 우크라이나보다 러시아와 인연이 깊은 나는 종종 우크라이나가 아닌 러시아를 우선순위로 생각할 때가 있다. 팔은 안으로 굽기 때문이다.

물론 나는 어떠한 이유에서라도 전쟁을 지지하지 않으

며 살인을 변명할 생각이 없다. 내 러시아인 친구와 지인 대다수도 전쟁을 반대하며 그로 인해 국가로부터 압력을 받는 경우도 있다. 민주주의 사회에서 일어나는 일이라 상상하기조차 힘든 어려움을 겪는 이들도 있다. 러시아에 대한 뜨거움과 전쟁의 폭력성은 전혀 별개라는 점을 분명히 알고 있다.

그럼에도 타국을 침범한 국가의 국민으로 사는 것은 고통스러운 일이다. 9월 21일의 부분 징집 발표는 치명적이었다. 내게 소중한 사람들이 본인이 그토록 반대했던 전쟁에 총알받이로 끌려갈까 두려워 마치 죄인이 된 것처럼 자신의 고향에서 도망치는 모습을 지켜보았다. 그들로 하여금 그런 치욕을 겪게 하는 나라가 밉고 원망스러웠고, 그 순간만큼은 '내가 사랑하는 러시아인들'이 가장 큰 희생자로 느껴졌다. 아무리 양가적 감정이 요동쳐도 중심을 잃을 순 없었다. 실제로 침공을 겪고 있는 이들도, 희생자도, 일차적으로 러시아인이 아닌 우크라이나인이다.

현재 러시아에서 활동 중인 자원봉사자들이 잊지 말자며 반복해 되뇌이는 말이 있다. 이들은 러시아 남성들이 징집을 피할 수 있도록 돕는 사람들인데, 그 활동의 의미는 그들의 생명을 지키기 위함이기도 하지만, 그 이전에 수십만 명의 러시아 군인들이 새롭게 소집될 경우 뒤따를 우크라이나 민간인들의 희생을 막기 위함이라는 것이다. 외부의 시선으로는 가치 판단에 어려움이 없지만 이처럼 러시아 국민의 감정은 복잡하다. 나 역시 스스로 계속 리마인드하기 위해 자원봉사를 멈출 수 없다.

《전쟁일기》가 한참 출간 준비 중일 때 러시아의 유명 반정부 기자인 유리 두즈의 〈Man during war(전쟁 중의 사람)〉이라는 다큐멘터리를 접했다. 헝가리에서 우크라이나 난민을 돕는 나스차 추코프스카야에 대해 알게 되었다. 나스차는 워낙 러시아 미디어에서 인지도가 높은 인물이기에 그전에도 알고는 있었지만 인터뷰 마지막 부분에서 그녀가 하는 말들이 심장에 박히는 듯했다.

"20세기 세기 소련 문학은 아픔이 가득하다. 1930년대 스탈린의 탄압, 굴라크Gulag 수용소, 전쟁 등에 대한 기록들을 보면 때때로 '이름 모를 누군가'가 등장한다. 모든 게 끝난 것만 같은 가장 절망적인 순간, 도움의 손길을 내미는 '이름 모를 누군가.' 추위에 떨고 있을 때 스카프를 건네주거나, 안전한 잠자리를 제공해 주거나, 빵 한 조각을 나눠주거나, 위험한 순간 편들어 주고 지켜 준 누군가 말이다. 주인공도 아니고, 이름이 누구인지, 어디에 살고 왜 그가 도움의 손길을 내밀었는지 우리는 알 수 없다. 심지어 그는 도움을 주면서도 자신이 얼마나 중요한 일을 하고 있는지 모를 수도 있다……. 우리 모두가 그 '이름 모를 누군가'가 되어야만 한다."

평화로운 일상 속에서라면 낭만적이고 다소 허풍스러운 말로 들렸을 터다. 그러나 전쟁 상황에서 접한 나스차의 이 발언은 나침반이자 가치관이 됐다. 다큐멘터리를 접한 이후 나스차가 헝가리에서 펼치는 우크라이나 난민 지원 활동을 관심 있게 지켜보게 됐고, 북저널리즘과 소통하며 바로 떠올린 사람 또한 나스차였다.

다섯 명의 인터뷰이 중 유일한 러시아인인 그녀는 확고하다. 자원봉사를 통해 '선한 러시아인'이 되는 것도 우크라이나인들을 도와줌으로 인해 일종의 '신분 세탁'을 하는 것도 싫어한다. 피난민을 돕는 각종 프로세스를 마치 거대한 공장처럼 유능하게 움직이는 그녀를 보며 많은 걸 배웠다. 나 자신을 돌아볼 기회가 되기도 했다.

《전쟁을 짊어진 사람들》 종이책이 나오기까지 많은 이들의 도움을 받았다. 우크라이나를 위해 일하는 민간 자원봉사자들의 이야기를 세상에 알릴 수 있도록 해준 북저널리즘과 담당 에디터에게 진심으로 감사하다. 이 책이 하나의 반전의 목소리가 되어 주기를 바란다. 이 프로젝트의 시작에는 하르키우의 자원봉사자이자 첫 번째 인터뷰이인 안드레이가 있다. 그는 나에게 우크라이나의 얼굴이자 아픔, 영웅이다.

전쟁 초 심신이 불안정한 상태로 안 좋은 뉴스가 들릴 때마다 안부를 묻거나 그곳 상황에 대한 질문을 그에게 해댔다. 귀찮을 법도 했을 텐데 그는 늘 인내심을 갖고 답해주었고 본인이 심적으로 더 힘들었을 테지만 외려 나에게 큰 힘과 위로가 되어줬다. 전선에 인접한 가장 위험한 지역에 살면서도 누군가를 돕는 일을 멈추지 않는 그를 보며 하르키우는 나에게 상관없는 먼 곳일 수가 없었다. 우크라이나 민간 자원봉사자들의 이야기를 알리고자 결심한 것 또한 안드레이 때문이었다.

우크라이나를 위해 일하는 자원봉사자 한 사람 한 사람에게 고마움을 전한다. 위험하고 힘든 상황 속에서도 흔쾌히 인터뷰에 응해주고, 러시아어로 그들에게 말을 걸어온 나를 친절하고 따뜻하게 대해줘서 미안하고 고맙다. 부디 하루빨리 전쟁이 종식되기를, 그 날까지 《전쟁을 짊어진 사람들》의 인터뷰이 모두 건강하고 안전하기를 기도한다.

끝으로 전쟁은 우리 모두의 이야기가 될 수 있음을 말하고 싶다. 지난 4월 《전쟁일기》를 번역할 때 가장 가슴 아팠던 부분이 있다. 작가가 두 아이를 지키기 위해 단 10분 만에 자신의 예전 삶을 모두 정리하고, 아이들과 함께 가장 사랑하는 두 사람, 어머니 그리고 남편과 생이별하는 장면이다. 이런 무섭고 참담한 결정은 누군가의 인생에서 단 한 번 찾아와도 많다고 생각했다.

출간 이후 6개월이 지난 지금까지 전쟁이 이어지며 작

가의 상황과는 비교도 안 되지만 나에게도 비슷한 상황이 찾아왔다. 동원령으로 인해 세상에서 가장 사랑하는 사람과 헤어지고 집을 떠나게 됐으니 말이다. 인생은 참 아이러니다. 지금도 전쟁을 짊어지는 사람이 늘어가고 있고 그들은 생에 한 번 겪을까 말까 한 무게를 버티고 있다.

러시아에 남아있는 이들이 부디 외롭거나 다치지 않기를 바란다. 이 책에서 다루지 못한 전 세계의 수많은 '전쟁을 짊어진 사람들' 또한 혼자가 아니라는 걸 느낄 수 있었으면 좋겠다. 우크라이나에 평화를, 러시아에 자유를.

번역가 정소은

주

1 _ 크름반도는 우크라이나 남부의 반도다. 2014년 친러 정부에 대항한 유로마이단 Euromaidan 혁명을 시작으로 러시아는 친러 성향인 크름반도에 침투했다. 결국 주민 투표를 거쳐 2014년 3월 크름반도는 우크라이나로부터 독립하여 러시아로 합병됐다. 일련의 시도는 러시아계가 다수 거주하는 우크라이나 동부 지역, 돈바스로 확장됐다. 도네츠크(Donetsk)와 루한스크(Lugansk)를 중심으로 분리주의 세력이 우크라이나 정부군을 상대로 8년이 넘게 전쟁을 이어오고 있다.

2 _ 우크라이나의 국가 비상 서비스로 민방위, 구조, 보험 기금 서류의 생성 및 관리, 방사능 폐기물 관리, 긴급 상황 시 인구 및 영토 보호, 긴급 예방 및 대응 등이 주요 활동이다. 우리나라 행정안전부의 일부 기능과 유사하다. 해당 기관의 전신은 체르노빌 사태의 수습 및 관리 목적에서 출발했다.

3 _ 러시아의 유명 반정부 기자이자 블로거다. 이번 전쟁 이후 반전 발언으로 인해 '외국 요원(foriegn agent)'이 됐다. 외국 요원이란 배신자나 스파이를 뜻한다. 스탈린 시대에 통용된 단어다. 해외로부터 재정 지원을 받는 NGO들은 일명 'NGO 법'으로 불리는 법안에 따라 자신들을 외국 요원으로 의무 등록해야 하는데, 이 법을 근거로 자금 흐름을 들여다 볼 수 있고 미등록시 징역형 등에 처해질 수 있다. 외국 미디어나 단체 등과 연관된 프리랜서 기자나 블로거, 소셜미디어 이용자 등도 '외국 요원'으로 등록해야 한다. 러시아 정부는 전쟁 이후 매주 금요일 새로운 외국 요원 명단을 발표하고 있다.

4 _ NPA(Nasopharyngeal Airway). 구강 상처가 있거나 입을 벌릴 수 없는 환자의 기도 확보 용으로 사용되는 튜브이며 특히 구토 반사를 자극하지 않는다는 장점이 있다.

북저널리즘 인사이드   인내하는 사람들

우크라이나 일대의 긴장감이 고조되던 때를 기억한다. 누구도 러시아가 쉽게 현상 변경을 시도하리라 생각지 못했다. 뉴스로 전해지는 우크라이나 국민의 얼굴은 밝았다. 푸틴 러시아 대통령이 바꾼 세계의 풍경은 참혹했다. 그 최전선에는 우크라이나 국민이 있다. 러시아의 미사일이 가장 먼저 부순 것은 세계 경제도, 천연가스도, 곡물도 아닌 우크라이나 곳곳의 건물 지붕이었다. 군사·안보 분야의 현대화조차 민간인의 피해를 막지 못했다. 내전 일색의 중동에서 몇십 년간 숱한 민간인의 사망을 목도하면서도 자국의 이해관계를 넘어 전쟁을 바라보지 못했던 대가는 뼈아팠다.

침공 초만 해도 세계는 전쟁의 참상을 다뤘다. 그 문제가 '나'와 '우리나라'의 문제로 도래하기 전까지는 그랬다. 키이우에 쏟아지는 미사일에 세계는 경악했고 지도자들은 확전을 우려했으며 온·오프라인에선 수많은 사람이 반전 시위와 함께 연대 의사를 표시했다. 전쟁의 경과에 따라 이합집산을 반복하던 세계는 이제 인플레이션을 얘기한다. 푸틴 러시아 대통령은 여론전에 실패했지만 인지전Cognitive Warfare에선 일부 성공을 거둔 모양새다. 전쟁은 어느덧 거시 환경의 하나로 표현되고 있다. 전쟁의 참상은 잊었다. 세계는 어쩌면 거대한 트라우마를 겪는 것일지도 모른다.

하르키우의 자원봉사자 안드레이의 이야기를 처음 접

했을 때를 기억한다. 잔인한 폭격과 군대의 영웅담, 젤렌스키 우크라이나 대통령의 일거수일투족이 보도되던 침공 초기, 누구도 자원봉사자의 존재를 눈치채지 못했다. 그러나 군대과 정부, 국제 기구가 돌보지 못한 곳에는 숨은 영웅들이 있었다. 화상 회의로 만난 안드레이는 전쟁을 겪은 사람이라곤 믿을 수 없을 정도로 차분했다. 그 침착함이 비단 그의 성정이 아니라, 전쟁을 이겨내고 봉사를 이어나가는 데 필요한 태도라는 걸 알 수 있었다.

밝은 모습으로 인터뷰에 응해준 리페어투게더의 테탸나에게서도, 꼭 아이들처럼 순수해 보였던 드미트로와 아르촘에게서도, 알 수 없는 담담함과 초연함이 느껴졌다. 서면으로 이야기를 나눈 나스차와 올레나는 투사이자 프로다. 서면이었지만 강인한 의지와 확신이 전해졌다. 이들은 자신보다 더 위험에 놓인 사람들을 끌어안고 전쟁의 무게를 몸과 마음으로 받아내고 있었다. 그래서 책의 제목은《전쟁을 짊어진 사람들》이 됐다.

인도주의와 애국심은 이들을 설명하는 단어가 아니다. 이들은 인내하는 자다. 인터뷰를 진행하며, 전쟁이 인재人災라면 이를 이겨낼 수 있는 것 역시 인간일 것이라는 희망이 솟았다. 흔히 국제 정치 이론에서 주요 행위자라 말하는 '정책 결정자decision maker'나 여론을 말하는 게 아니다. 구조적 사고를 벗어나 현실로 눈을 돌리면 묵묵히 자기 자리에서 이 전쟁을 인내하며 희생하는 이들을 찾을 수 있을 것이다.

전쟁은 이들의 얼굴을 하지 않았지만 이들을 세상에 소개해야 했다. 모두가 지쳐도 지칠 수 없는 사람들, 세계가 시선과 지원을 거두어도 자신이 발 딛고 선 땅의 미래를 그리는 사람들. 이들의 이야기가 전쟁을 잊은 한국에 작은 경종을 울리길 희망한다. 우크라이나에 작은 보탬이 될 기회가 주어짐에 감사하다. 아울러 자기 일처럼 이 전쟁을 기록하고 인터뷰이의 이야기를 옮겨 준 정소은 번역가에게 마음 깊이 고마움을 전한다.

이현구·정원진 에디터